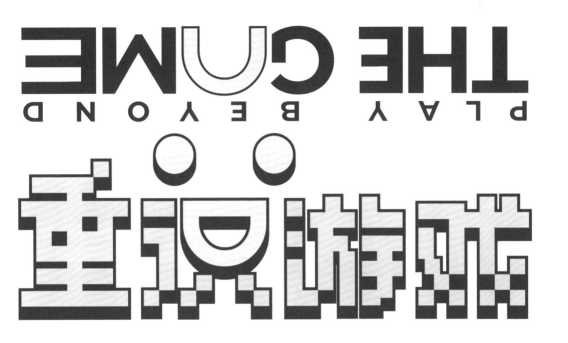

PLAY BEYOND THE GAME

重识游戏

张兆弓 著

U0133319

华东师范大学出版社

· 上海 ·

图书在版编目（CIP）数据

重识游戏 / 张兆弓著 . —上海：华东师范大学出版社，2022
ISBN 978-7-5760-3394-6

Ⅰ . ①重…　Ⅱ . ①张…　Ⅲ . ①电子游戏—研究　Ⅳ . ① G898.3

中国版本图书馆 CIP 数据核字（2022）第 230197 号

重识游戏

著　　者	张兆弓
责任编辑	顾晓清
审读编辑	韩　鸽
责任校对	周爱慧
插图绘画	方婧欣
装帧设计	康　莹
版式设计	刘怡霖

出版发行　华东师范大学出版社
社　　址　上海市中山北路 3663 号　邮编　200062
网　　址　www.ecnupress.com.cn
电　　话　021 - 60821666
邮购电话　021 - 62869887
网　　店　http://hdsdcbs.tmall.com/

印 刷 者　上海华教印务有限公司
开　　本　787×1092　16 开
印　　张　31.5
版面字数　242 千字
版　　次　2023 年 9 月第 1 版
印　　次　2023 年 9 月第 1 次
书　　号　ISBN 978-7-5760-3394-6
定　　价　189.00 元（全两册）

出 版 人　王　焰

（如发现本版图书有印订质量问题，请寄回本社市场部调换或电话 021-62865537 联系）

序

———

感谢读者朋友们抽出宝贵的时间来阅读拙作。2018 年我策划"重识游戏：功能与艺术游戏展览"后，产生了编著一册的想法，最初只是想着记录一下参展作品以及策划展览的过程与思路，顺便在开篇写点自己对于游戏的理解，但这一写就没停下来，迟迟未能完成，加上这几年大家也都经历了很多变故，种种原因导致书的著写也是一拖再拖，2023 年出版社的编辑老师提醒我该为此书写自序了，我想那就唠叨一些近来发生的行业变化作为正文的补充。

首先是政策方面的变化。如果说 2018 年以前，游戏对于大众来说还比较陌生，那么在这五年期间，经历了中国游戏行业的一系列政策变化，大家对游戏行业更为熟悉了。这些政策变化包括游戏审批政策的调整，游戏版号发放的波动，防沉迷政策的推行，游戏内消费行为规范，以及大力扶持电子竞技，等等。

这些政策变化与波动使大大小小的企业，尤其这个行业的上下游的企业，感受到关于游戏的社会集体认知对于这个本就存在诸多"争议"的领域的巨大影响。从长远的角度来看，这些政策都出现在"游戏污名化"的大背景下，都是为了规范市场行为，希望行业自身不再为污名化提供素材。

污名化并不是中国电子游戏行业特有的问题，美国、日本、韩国的电子游戏行业，在其发展过程中也都有相同的境遇。而面对中国游戏庞大的用户群体、复杂的用户结构，这个问题的表现也就更加突出。在国内，主机游戏玩家和网络游戏玩家的重合度是很低的，其中的文化交融也几乎可以用"隔绝"来形容。而网络游戏中，不同游戏类型的用户之间也有着大大小小的隔绝。比如，棋牌游戏就是自成一套运营体系。很多问题，在不同的游戏用户群体、不同的城镇地域，有着复杂多样的表现，这些都会带来很多难以想象的管理挑战。

为了规范游戏市场，政府加强了对游戏内容的审查。对游戏中的暴力、赌博、淫秽等不良内容进行了更为严格的监管，要求游戏开发商进行自审。行业中的领头企业、研究游戏的专家学者，也都参与进来共同推进行业的健康发展。在这个过程中，无论是从业者还是大众用户，对游戏的认识和理解，或被动或主动，都或多或少发生了变化。

随着游戏行业的快速发展和国内优秀作品的出现，大众对游戏产业的认可度逐渐提升。越来越多的人开始将游戏视为一种有价值的娱乐形式和文化产品。行业中各类大大小小的论坛，也都对游戏的社交和娱乐功能，甚至教育传播功能有了更多的讨论。教育游戏、益智游戏、模拟游戏甚至医疗康养类游戏开始受到更多关注。这些游戏能够通过互动、创造和解决问题的方式，提供更具吸引力和趣味性的学习体验，帮助人们获得知识和技能。人们对游戏的认识不再局限于简单的娱乐，人们开始认识到游戏体现社会价值的潜力。

所以，政策的调整无形中使人们对游戏的认知拓展了，发生了从娱乐到社交、教育和文化传播等多个层面的理解转变。这样的情境是我们从事游戏教育的一线人员非常乐于看到的，也正是我著写此书的期望之一，因为这是广泛探讨与研究"游戏"的必要条件。希望对于游戏感兴趣的人或者这个行业的从业者，在这样的语境中，更有兴趣阅读此书。对于任何一个行业，来自社会大众的深度理解，都会有利于该行业政策的长期稳定。游戏行业是一个具有强大自生力的行业，无论从市场价值还是国际传播的角度看，都充当着文化领域的重要角色。而长效稳定的政策是对这个行业的发展的重要助力。

这里还想和读者朋友们聊聊生产方式的变革，也就是近期对各行各业都产生着影响的 AIGC（AI-Generated Content，人工智能生成内容）技术。

在 2016 年 3 月，由深度思维（DeepMind）公司开发的人工智能程序阿尔法狗（AlphaGo）与韩国围棋世界冠军李世石进行了一场对弈，AI 以 4 ：1 的总比分获胜。这次对局被视为人工智能领域的重大突破，因为围棋被认为是一种复杂且难以计算的棋类游戏，长期以来被认为是人类算力极限且动态的体现。而仅仅一年后，在 2017 年 5 月，阿尔法狗的升级版本阿尔法大师（AlphaGo Master）又进行了一系列与人类棋手的对局，包括中国的柯洁、古力、连笑等棋手，且以压倒性的优势战胜了所有对手。这个成绩再次引起了全球 AI 专家的关注和热议。但就在所有关注的目光还没来得及消散之际，深度思维公司再度推出了升级版阿尔法零（AlphaGo Zero）。相比前两个版本，这次有了训练模式的改变，阿尔法零不再依赖于人类棋谱，而是从零开始进行自我学习。它通过自我对弈进行训练，使用深度神经网络和强化学习算法。2017 年 10 月 19 日，《自然》杂志发表了一篇关于阿尔法零的研究论文，揭示了在经过仅仅 3 天的训练后，阿尔法零就以 100 ：0 的战绩击败了之前的版本（AlphaGo Lee），随后经过 40 天的训练，又成功地击败了阿尔法大师版。

可以说，当年阿尔法狗的一系列新闻，引发了很多人对于未来 AI 的关注与预想。围棋当然是一种游戏，但它是一种挑战难度极高的游戏，是能够体现人类算力极限的一种棋牌游戏。如果一个孩子长期沉迷于围棋，他的父母是不太会批评他的。这个事件选择围棋作为测试 AI 算力的标尺，对于游戏领域的研究者来说是一件值得高兴的事情。但就事件本身来说，AI 的介入对于很多人来说恐怕"无法高兴起来"。尤其在 2023 年的今天，对大多数人而言，无论当年我们对这个事件有多大程度的关注，面对今天 AIGC 带来的冲击，我们都低估了 AI 对于我们生活与工作的影响。AI 的应用已经不再局限在一个窄小的垂直领域，而是在语言、语音、文字、图像、动态影像等各个领域产生了不可逆的变革。时至今日，就像 2016—2017 年间阿尔法狗的成长速度一样，AI 对我们生活的影响在不断地加速。

比如最近大火的软件 ChatGPT，一个强大的自然语言处理模型。可以根据上下文或者图片，生成类似人类语言的文本。最近发布的 ChatGPT4.0 版本，其数据参数规模大约是 100 万亿个。这个数字与人类大脑皮层的突触总数已经可以放在一个范畴去讨论了，这不是简单的数量堆砌，而是能够相互协作，产生思路、假设、思考的。新的语言模型进一步整体提升人类的生产效率是毫无悬念的。对于游戏领域来说，ChatGPT 一定会与游戏引擎和工具集成，提供如策划填表、数值设计、程序开发等工作的精准辅助。绝大部分的岗位流程都会逐渐 AI 化，每个游戏公司都会有自己的 AI 辅助研发的解决方案。

而从另一个赛道来看，情况也"不容乐观"。艺术创作内容一直被认为可能是最晚被 AI 攻陷的领域，但从目前的发展状况来看，这个判断肯定是错了一半。图像生成的 AI 工具层出不穷（例如 DALL-E、Midjourney、Stable Diffusion、Adobe Firefly 等），还有很多动态视频、交互、三维相关的 AI 工具（例如 Runway、Spline AI、Blockadelabs、Metahuman Animator，等）。这些软件可不是"小众玩具"，而是目前被业内广泛应用与讨论的主流工具，可能还有很多由于笔者孤陋寡闻而没能提及。显然，新兴技术已给我们身边的文艺创作者带来了不小的影响，至少在效率和工作流程方面会产生较大变化。就静帧图像这个领域来讲，具有优秀审美素养的从业者，其作品现阶段是无法被替代的，因为 AI 生产的内容，可调整的颗粒度还比较粗糙。但这些优秀作品的创作过程，已经部分地被替代了。比如，让 AI 辅助生成一些构图、色彩搭配、基础的人物或场景造型，后期通过 AI 更精确地进行图像修补，移除不需要的元素，等等。很多从业者目前的工作流程都是先用 AI 大量筛选图，然后再上手精调，最终再进行 AI 精修。

另外，大家可能会认为 AI 是无法辅助设计师的创意与灵感的，其实这也是错误的理解。AI 工具可以通过分析大量的艺术作品、图像和设计元素，为艺术家和设计师提供创作灵感。基于机器学习和深度学习技术，这些工具可以识别并提取不同的艺术风格、色彩方案和构图元素，从而帮助创作者快速生成新颖且个性化的设计提案。

总而言之，无论是政策还是 AI 技术都波及着游戏行业的发展，对于实际的从业方向更是影响深远。我想，每一个从业者、教育者，尤其学生，都要思考未来自己的定位到底是什么，哪些才是真正的核心竞争力。2023 年 3 月 17 日，OpenAI 发布的一篇研究报告显示，大语言模型的冲击会对全美 80% 的劳动力造成影响。而这其中，令人惊讶的是，很多薪酬很高的工作，暴露率也非常高。这里的"暴露"是个新概念，是指在 AI 大语言模型工具的辅助下，人类执行某项工作的时间减少 50% 以上。那么达到这个参数的工作包括数学家、作家、金融师、工程师、法律助理等等；而很多涉及物理材料的劳动都幸免于此，比如厨师、运动员、家政相关岗位等。当然，千万不要断章取义地理解为，数学家、作家都会失业，厨师、运动员是未来就业之光。这篇报告关注的是现有岗位的生产效率和生产方式的变化。未来，岗位会整合，很多工作任务会消失，但我们不必反应过激，而应借着这个机会更多地思考工作方式的变化，思考思考的变化。

那么，面对这些变化，我们应该如何应对？游戏行业的从业者应该如何应对？这本书开始写作时，尚未出现这些变化。抱着对这个行业的热爱，我一直试着将这本书的讨论范畴划定在"重识游戏"，重识游戏的本质。我想，对于事物本质的思考，在未来飞速变化的语境下，不失为一种非常有效的增益。了解了游戏的本质，可以更有效地与 AI 工具进行交流，可以让游戏思维更好地服务社会的方方面面。我从来没有希望这本书是游戏制作技巧手册，也不希望它是一个软件的使用介绍（没有任何贬低此两者的意思，笔者确实也力所不及）。我希望这是一本能够辅助读者在对游戏的理解中走得更深的书，是向内心探索的一个指引，是可以同时增强学生的"嗅觉"和"钝感力"的叮嘱。无论您是否从事游戏行业，是否玩过电子游戏，希望这本书都能对您有所启发，这将是我最大的欣慰。

目 录 CONTENTS

第一章　理念的根基

1.1　是谁创造了游戏

我们先从"捉迷藏"这款奇妙的游戏聊起。捉迷藏，古老而又受欢迎的儿童游戏。该游戏至少需要两位玩家参与，其中一个玩家短暂地闭上眼睛（或遮挡住视线），而其他玩家则躲藏起来。待搜寻者睁开眼睛开始游戏时，第一个被找到的玩家会成为下一个搜寻者，最后一个被找到的则是获胜者。在不同的地方，这款游戏会基于这个基础规则有一些拓展，比如所有藏匿者如果在寻找者不在的时候成功跑回"基地"，则搜寻者彻底失败，继续在下一轮中重复进行游戏。这款"特别"的游戏被我贴了一个"三无产品"的标签，无师自通，不分地域，不约而同，是一款世界各个角落的人们都玩过的游戏。在西班牙，这款游戏被称为"el escondite"，在法国、以色列、韩国分别被叫做"jeu de cache-cache""machboim""sumbaggoggil"，而在罗马尼亚，这款游戏则被称为"de-av-ati ascunselea"。"捉迷藏"在整个南美洲和中美洲广为人知，其名称为"tuja"（玻利维亚）、"escondidas"（厄瓜多尔和智利）和"cucumbè"（洪都拉斯和萨尔瓦多）。[①]

---

① Britannica. (2020, May 4). "Hide-and-Seek."（编者注：因互联网网址迁移等原因，原链接已失效。）

    大家可以回想一下自己第一次接触捉迷藏的时间或地点，又是谁教会你玩这个充满童趣的游戏的？很多父母对这个问题的记忆也很模糊，只记得是在孩子很小的时候，这种类似"捉迷藏"的游戏就出现了。根据儿童发展的相关理论研究，孩子从 6 个月开始，就可以被动甚至主动地和父母玩藏猫猫（peek-a-boo，父母用手挡住自己的脸，或者借助布把孩子的视线挡住，然后再突然露出脸并伴有微微的惊吓）[①]，到了 3 岁半以上就可以和同龄上下的孩子结伴玩耍捉迷藏（hide-and-seek）[②]。有趣的是，孩子在 6 个月尚未发展语言能力的时候，是如何学会藏猫猫的呢？父母们或许会认为是自己或者其他小朋友教会了孩子玩捉迷藏。那么有一个值得思考的地方，虽然捉迷藏游戏存在于不同的国家和地区，有各式各样的变种形式，但它一直有着明确的游戏机制和目标，游戏的难度也很自洽，完美匹配它的目标受众。那么，最初到底是谁设计了这么一款如此受欢迎的游戏呢？

    带着这个问题，我们试着再把概念扩大一点范围。有小猫小狗饲养经验的人会清楚地记得，猫狗在成长的过程中，有一个阶段会非常聒噪——抓挠家里的沙发，吊拽垂下的窗帘，拼命地追赶被主人扔出去的毛线球，如果出现什么快速移动的物体，它们会本能地扑上去，撕闹成一团。

---

①   Kleeman, J. A. (1973, January). "The Peek–A–Boo Game: Its Evolution and Associated Behavior, Especially Bye-Bye and Shame Expression, During the Second Year." *Journal of the American Academy of Child Psychiatry*, *12*(1), pp. 1-23.

②   Trafton, J. G., Schultz, A. C., Perznowski, D., Bugajska, M. D., Adams, W., Cassimatis, N. L., & Brock, D. P. (2006, March). "Children and Robots Learning to Play Hide and Seek." In *Proceedings of the 1st ACM SIGCHI/SIGART Conference on Human-Robot Interaction*, pp. 242-249.

　　戈登·M. 伯格哈特（Gordon M. Burghardt）教授[1]是生物心理学的学者，他在他的学术著作中反复论述了动物的游戏行为。他强调，动物的游戏行为大体可以划分为探索性游戏行为、运动性游戏行为和社会性游戏行为。探索性游戏行为是动物出于对世界的好奇而产生的交互行为，比如抓、拨、嗅、咬等行为，与石头、小花等陌生物体进行交互；运动性的游戏行为，包括跳跃、攀爬、快速滑行等；而社会性游戏行为常发生在亲子或同龄个体之间，例如模仿打斗、追逐，也包括一些与生殖元素相关的模拟。[2]

　　对照来看，捉迷藏这款游戏也包含了伯格哈特教授提到的几种行为模式，小朋友在玩捉迷藏游戏时，确实会应用到跑、爬、藏匿、观察等与本能有关的因素。此外，可能是人类自身的语言优势，使我们的"捉迷藏"变得更有挑战性，更为有趣，使其在社交性游戏行为方面也很有成效，小朋友们似乎可以通过捉迷藏游戏找到与自己相处融洽的小伙伴。看来捉迷藏游戏的"设计师"同时为小动物和人类设计了这款游戏。不禁要问，这位神秘的设计师为何要给众生设计游戏呢？

1.2　来自黑盒的动力

　　人类为什么会主动地、自觉地玩游戏呢？提及这个问题，绝大部

---

[1]　戈登·M. 伯格哈特，芝加哥大学生物心理学博士，田纳西大学心理学、生态学和进化生物学系校友杰出服务教授。参见 https://eeb.utk.edu/people/gordon-burghardt/。

[2]　Burghardt, G. M. (2014). "A Brief Glimpse at the Long Evolutionary History of Play." *Animal Behavior and Cognition*, *1*(2), pp.90-98.

分人的理解都是认为玩游戏是种消遣娱乐。不可否认，玩游戏使我们兴奋、快乐。这是一种结果，这种结果往往发生在玩家胜利之后，而当我们作为玩家在游戏进行中经历挫折、失败的时候，我们并不快乐。甚至玩家在反复经历挫折和失败后，还会出现懊恼、气愤的情绪。

当一位硬核游戏玩家，不断地抱怨一款游戏有多么困难时 ——"我恨它！我恨这个游戏！"（I hate it! I hate this game!）[①]，你要清楚，他可能已经离不开这款游戏了，并且会花大量时间、精力在这个游戏上。

> 在玩游戏的过程中，我们都会面临这样一组矛盾的场面：
> ✓ 回避挫折或者失败是我们玩游戏的常规目标。
> ✓ 不可避免地，我们玩游戏时又一定会体验到失败。
> ✓ 我们到处搜寻游戏，花钱购买游戏，本质上是在购买一些我们千方百计想回避掉的失败体验。[②]

看到上面的内容，读者可能会不禁自问："我是谁？我在哪？我为什么要玩游戏？"没错，这就是我们每一个玩家在游戏中必定会面对的矛盾过程，一个努力给自己找麻烦的过程。那么说到这里，我们再次叩问，每一个玩家寻找游戏、体验游戏是纯粹地为了开心吗？在游戏的过程中，玩家又是如何通过给自己"添麻烦"而获得兴奋、快乐的情绪的呢？

我举个有趣的例子——高尔夫球。这项运动被很多人定义为富人

① 妮科尔·拉扎罗（Nicole Lazzro，游戏设计师，XEODesign 创始人）的丈夫玩游戏时讲的话，来自妮科尔·拉扎罗的描述。

② Jesper Juul. (2013). *The Art of Failure: An Essay on the Pain of Playing Video Games*. Cambridge: The MIT Press, p. 176.

的运动，因而对其敬而远之。其实在很多国家，高尔夫球是很普及也很平民化的，而且竞技性也非常强，这项运动本质上也是一个令人着迷的游戏。那么，这个游戏在全球有多少爱好者呢？2018 年高尔夫球巨星泰格·伍兹（Tiger Woods）再次获得美国大师赛冠军时，美国电视台的平均观看人数达到 850 万人次[1]，随着比赛于美国东部时间下午 7 点结束，观看人数达到了 1230 万。1958—2017 年的比赛中，伍兹夺冠时美国电视台平均收视率达到了 11.6%，伍兹在这方面大大超越了其他运动明星。[2] 在欧洲，截至 2017 年，注册高尔夫球手约有414 万人。[3]

从这些数据，我们可以窥见高尔夫球的受欢迎程度。但是有趣的是，想参与到这个游戏中，有个非常困难的基础要求——你要用球杆把球击飞，并且弹道轨迹要在可控范围内。这听起来似乎很简单，但实际操作起来需要"玩家"付出大量的时间。那么一个业余高尔夫球爱好者，大概要付出怎样的努力才能做到呢？一名职业教练给出的平均数据是，"刚刚参与这项运动的人大概需要练习挥击 20000 粒高尔夫球，在这之后，才能做到比较稳定地将一粒球击飞"。也就是说，如果你每天练习挥击 200 粒球，节假日不休息的话，要 100 天。对于业余爱好者来说，考虑到平时工作生活所需的时间，至少要 1 年左右甚至 2 年的时间，才能比较大概率地按照直线轨迹把球击打起来。而这个时候你只能算是完成了这款游戏的"新手引导"，终于可以带着

---

[1]　Cable News Network. (2018, August 15). "TV Audiences Spike as Tiger Woods Fever Grips the Golfing World." CNN.（编者注：因互联网网址迁移等原因，原链接已失效。）

[2]　Sports Media Watch. (2021, July 20). "Major Golf TV Ratings History."（编者注：原链接已失效。）

[3]　Lange, D. (2020, November 19). "Number of Golf Players in Europe 1990—2018." Statista. https://www.statista.com/statistics/275308/number-of-registered-golf-players-in-europe/.

自己的球杆，来到高尔夫球场上正式开启这个游戏。

　　要有一两年的基础练习才能正式开启这个游戏，高尔夫球的"新手引导"周期非常特别。可以想象，如此高的入手训练门槛，过程中肯定会遇到瓶颈期，遇到挫败，不免有很多"玩家"中途就退出了。但偏偏就是这个机制也激发了众多参与者的狂热，筛选留下了很多死忠玩家，使高尔夫成为了他们一生的游戏。那么，是什么动力促使这些爱好者在真正开始游戏之前，自愿完成这一整年辛苦的训练呢？他们真的纯粹是为了开心而进行漫长又枯燥的挥杆训练的吗？

　　游戏学者妮科尔·拉扎罗（Nicole Lazzro）把人们玩游戏的动力划分为四种[①]，分别是：

　　Easy fun（轻松乐趣/直接乐趣）：对于未知世界的探索、对虚拟角色的移情、好奇故事情节、视听快感等。

　　Hard fun（挑战乐趣）：证明自己的能力或者技能、战胜对手、施展策略、达到目标或破解难题等。

　　People fun（社交乐趣）：邀请好友、与玩家互动、并不喜欢玩游戏只是在游戏中和朋友聚聚，和朋友云体验游戏等等。

　　Serious fun（严肃乐趣）：与游戏的娱乐性相反，玩家希望通过游戏得到情感补偿、获得知识内容、改变自身状态等。

　　每一款游戏并不是只包含上述一种动力，相反，通常都包含了上述多种动力的组合，而以其中一个动力为主要方向。比如捉迷藏侧重的是"people fun"（社交乐趣），而高尔夫球侧重的是"hard fun"（挑战乐趣）。更值得注意的是，"easy fun"（轻松乐趣）、"people fun"（社交乐趣）、"serious fun"（严肃乐趣），并不是游戏专有的驱动力，在其他文艺形式中同样适用。比如

① Lazzaro, N. (2013). "The 4 Keys to Fun: Increasing Engagement with Games." SlideShare. https://www.slideshare.net/NicoleLazzaro/the-4-keys-to-fun-increasing-engagement-with-games.

动画中也展现了星际战争的虚拟世界，一群好友聚在一起看恐怖片也很欢乐，而一本书也可以治愈我们心灵的创伤。但"hard fun"（挑战乐趣）是典型的具备游戏媒介特征的动力源泉，此处的"hard"一词既有"硬"的意思（指向游戏中的"硬核"类），又有"困难"的意思，通常特指那种会带来挫折、极易失败的挑战，然而玩家却可能在这种不断的困难与挫折中获得乐趣，这就是 hard fun[①] 引起的，是游戏矛盾性驱动力的关键体现。

回到高尔夫球这个游戏中——挥杆，是这项运动最核心的 hard fun 的体现。一个看似简单的动作，在不同的条件下，存在着多样的距离和轨迹要求。这项运动在最初的挥杆训练里筛掉了很多不适合的爱好者，但对于留存下的"玩家"，最初的挥杆训练就是自身技能最有力的证明，是某种程度上的自我实现。

人类的大脑有着强烈的学习欲望。如果把人封闭在一个空荡荡的房间内，人们很快就会感到无聊、绝望，甚至崩溃。科学家对于脑神经的研究表明，可以满足生存需要的行为都会促使大脑释放出大量的多巴胺与胺多酚，比如吃甜食有助于储存能量，所以人们看到甜食就会分泌多巴胺，产生强烈的进食欲望，而吃过甜食后又会分泌胺多酚，使进食者感到快乐。那么与之类似，掌握一个技能，或者得到某种能力的提升，也是满足人类生存需求的路径。人类的大脑渴望进步，所以会不断地主动搜寻挑战，探索未知问题。每一个有趣的挑战，都会促使参与者释放多巴胺并渴望完成这个挑战。如果这个挑战的难度逐步提升、循序深入，则会不断地激发人体释放多巴胺。而当人们掌握了某项技能后，对于自身提升的肯定（可以是来自他人的肯

---

① 因"挑战乐趣"这一译法可能不足以概括"hard fun"一词的复杂含义，后文仍将直接使用"hard fun"一词。

定，也可以是自我肯定）将使人们释放出大量的胺多酚，人们因而感受到无比的愉悦。游戏的本质就是让玩家解决有趣的问题，让玩家面对问题、完成挑战，得到技能的提升。伯格哈特教授在其论著中，提到了"玩的功能"（the function of play）这一概念，他在其中写道，玩可以带来机体条件和知觉运动能力（perceptual motor abilities）的快速获益与提升。例如，哺乳动物通过社交行为，学会确立目标与合作伙伴关系，在关键的发育阶段塑造个体的大脑和行为，以及帮助繁衍和生存。所以，每一次在游戏中解决问题，都是一次进步，这是玩家参与游戏的本质驱动力，是 hard fun 产生的过程。从这个角度看，可以说游戏是人类重要的学习方法与学习路径，不敢说是最好的，但经过了无数的演变应该可以说是最"丝滑"的学习方法。

高尔夫运动的"挥杆"就是留给玩家的 hard fun，虽然训练门槛很高，但对所有玩家都是公平的，对于球杆的掌控能够体现玩家技能的提升，玩家会因此分泌胺多酚并感到兴奋。相比足球、篮球这些存在很多即时策略判断的运动，高尔夫运动的策略性比较缓和，需要你放松自己身体的挥杆节奏，所以电子游戏版本的高尔夫，仅仅使用手柄操作，就没有那么容易还原出这项游戏原本的乐趣。这里也请大家试想一下自己玩过的很多游戏，比如前面提到的"捉迷藏"，或者电子游戏《魔兽世界》《英雄联盟》等，它们的背后是否也有需要你逐步掌握的某些技能？而不断地精进这些技能是不是一个很重要的乐趣来源呢？

1.3 游戏的边界在哪里

> "由于游戏这个词，已经被使用在各种形式的行为中，因而给出准确的游戏定义非常困难。可以说，游戏是个很油滑的角色，在广泛的词汇领域中拥有众多关联及好朋友。"
>
> ——戴维·悉尼·帕列特（David Sydney Parlett）

在提出了这么多问题后，这一小节我们来讨论一下，到底如何定义游戏？

讨论游戏的定义确实困难重重，有的学者把游戏与人类本能相联系，有的学者则坚定地认为游戏是文化产物，也有学者把游戏与哲学概念联系起来。那么读者可能会好奇，至今到底有没有一个准确的游戏定义？应该说，学者们搞清楚了游戏的本质是什么，同时给予了非常有效的界定。但是在科技、媒介不断的发展下，游戏本体又在尝试着不断地突破自身，所以也不能说游戏的定义已经完全清楚了。那么既然是这样，我们去研究游戏的定义又是为了什么呢？

定义事物可以迫使你去透彻地、简明地、严格地思考它们，即使最终的定义也许并不完美，但是尝试定义的这个过程会让你学到大量东西，强化你在设计上的思考能力。[①]

生活中，人们对游戏的定义各不相同。很多人是把"游戏"的概念简单等同于"电子游戏"，也有人把游戏和"娱乐"的概念混为

---

① Schell, J. (2020). *The Art of Game Design: A Book of Lenses*. Boca Raton: CRC Press, p.35.

一谈。诸如此类很容易混淆的概念组合还包括游戏和玩耍、游戏和玩具、游戏和谜题、游戏和运动，以及游戏和比赛等。在绝大多数情况下，我们聚在一起聊游戏时，不会去聊"游戏是什么"这个话题，因为大家对此都有各自默认的一个范围，也从来没有怀疑过自己理解的"游戏"也许是不正确的。而实际情况是，每个人对游戏的认识虽然有重合，却不尽相同。所以在谈论游戏时，经常会出现一组有趣的现象：

> 很多时候我们探讨的"游戏"并不属于同一个概念范畴。
> 但讨论者们各自却非常笃信自己对游戏的理解。
> 想要区别各自讨论的"游戏"概念时，我们却无从下手。

为了使读者对游戏的定义有更好的理解，我们来梳理一下游戏定义的发展，可以把它分为三个阶段：早期哲人的定义、近代的广义游戏定义、现代游戏定义。

西方哲学史上最早关于"游戏"的讨论，大概可以从公元前6世纪前后的赫拉克利特说起。他曾说"时间是一个玩骰子的儿童，儿童掌握着王权"，认为整个世界就像是"宇宙顽童的大游戏"，但他并没有对游戏这一概念下具体的定义。其后，在公元前5世纪—公元前4世纪时期，柏拉图相对明确地描述了游戏这一词的含义，下面概括了他对游戏的思考：

> 柏拉图认为，游戏是一场娱神的仪式，而游戏作为神赐的能力，能够培育人们对美和善的感受能力与情感能力，实现对理性能力的训练。

同时他还提到，相较于强迫孩子们学习，不如用游戏的方法，在游戏的过程中"更好地了解到他们每个人的天性"。

可以看出，赫拉克利特的游戏和柏拉图的游戏都在很大程度上与孩童联系在一起，但后者更强调了游戏的训练功能。相比之下，柏拉图的学生亚里士多德的定义可能更容易被现代人所理解：

> 亚里士多德认为游戏是劳作后的休息和消遣，是本身不带有任何目的性的一种行为活动。

亚里士多德将游戏与严肃活动相区分的态度值得我们注意。

进入中世纪，哲学整体上为宗教服务，相应地，围绕游戏的讨论也更多地转换成为基督教服务的"上帝的游戏"。虽然这一时期同样没有对于游戏的明确定义，但值得一提的是，一些中世纪的哲人称整个世界都来自"上帝偶然的游戏"，以此来凸显上帝的自由意志以及全知全能，这一点实际上也暗示了游戏的一个重要特征——自由。

18世纪，德国古典哲学的奠基人康德重新将游戏的主体从"上帝"带回到人类身上，提出了"自由游戏说"。尽管康德同样没有直接明确地给游戏下定义，他与游戏相关的论述都是在谈论艺术、美学时提及的，但他的论点仍然值得注意：

> 康德认为艺术活动与游戏一样，除其自身的目的外，不从属于任何其他实用的、功利的、道德的目的——"从一切的强制中解放出来"。他强调游戏的本质是自由，艺术与游戏都具有"自由""单纯""娱乐"的特征。

他强调"游戏的目的在其自身之内"这一点很可能影响了后来第二、第三阶段的许多学者对游戏的定义。当然，距离康德最近的继承者是席勒，他延续康德的观点，同时认为"游戏"是艺术摆脱尘世重负、走向美与自律的见证：

> 席勒认为，人类在生活中要受到精神与物质的双重束缚，在这些束缚中就失去了理想和自由。于是人们利用剩余的精神创造一个自由的世界，它就是游戏。这种创造活动，产生于人类的本能。他说："只有当人是完整意义上的人时，他才游戏；而只有当人游戏时，他才是完整的人。"

席勒之后，斯宾塞进一步发展了"游戏说"，提出了"剩余精力说"：

> 人类在完成了维持和延续生命的主要任务之后，还有剩余的精力存在，这种剩余的精力的发泄，就是游戏。游戏本身并没有功利目的，游戏过程本身就是游戏的目的。

再看一下1925年，奥地利著名的精神病医师、心理学家西格蒙德·弗洛伊德讨论游戏的切入点：

> 儿童最喜爱又最能使他们专心的事是游戏，孩子们用游戏创造了一个自己的世界。或者更确切地说，他按照使他中意的新方式，重新安排他的天地里的一切。那种认为他没有认真对待他的世界的看法是不正确的，恰恰相反，他对游戏相当认真，倾注了

相当多的感情。游戏的对立面不是真正的工作，而是——现实。

综上所述，在第一个阶段——"哲人的定义"阶段，我们找不到关于游戏的专门论述，大都是在其他相关的论述、专著中掺杂了关于游戏的只言片语。但我们仍然可以从中总结出这些哲人都提到的游戏具备的一些基本特征：自由的、娱乐的，与现实生活无关的（超越道德、超越功利、超越认识）。这里补充一点，在中国哲学史上直接谈论游戏的论述虽然不多，但中华文化中"游"的精神也基本具备了类似的特征，例如庄子《逍遥游》中的"乘天地之正，而御六气之辩，以游无穷"，就体现了"游"中"自由""愉悦"的特征。有学者认为庄子的"游"与前文提到的席勒的"游戏说"有异曲同工之处。

有趣的是，这些哲人们对游戏的评价关注点都不在今天所谓的"游戏的负面因素"上，恰恰相反，在这个阶段，哲人们关于游戏的讨论倒是经常把游戏和教育与艺术审美联系在一起。

而进入 20 世纪，西方学术领域涌现出了多位学者，开始针对性地论述"游戏"或者"玩"的概念，这也就进入了第二个阶段，即近代广义的游戏定义阶段。这一阶段由赫伊津哈[①] 的《游戏的人》[②] 开启，其后远近闻名的著作还有罗歇·凯卢瓦（Roger Caillois）的《人、玩耍与游戏》（*Man, Play and Games*）[③]、艾略特·M. 阿维登与布

① 赫伊津哈（1872—1945），荷兰历史学家、人文主义者、文化史学领域奠基者之一，其著作包括《中世纪的秋天》《17 世纪的荷兰文明》《伊拉斯谟传》等。

② Huizinga, J. (2000). *Homo Ludens: A Study of Play-Element in Culture*. London: Routledge.

③ Caillois, R. (2001). *Man, Play, and Games*. Trans. Meyer Barash. Chicago: University of Illinois Press.

莱恩·萨顿–史密斯（Brian Sutton-Smith）[1] 合著的《游戏研究》（*The Study of Games*）[2]，还有伯纳德·舒兹（Bernard Suits）的《蚱蜢：游戏、生命与乌托邦》（*The Grasshopper: Games, Life and Utopia*）[3] 等等。与哲人们对于游戏的思考不同，上述这些都是关于游戏领域的专著。所以，这些内容并不是顺便渗透了关于游戏的话题，而是学者们系统化地对于"游戏"及"玩"的分析。如果对于游戏研究领域感兴趣的话，那么学习这些前辈们的著作就是良好的开端。

第二个阶段的专著较多，我们先看看相对较早并且有奠基意义的著作《游戏的人》中提到的游戏定义：

> 一种自由的活动，以其"不严肃性"而自觉处于"平常"生活之外，同时这又是一种使游戏人全身心投入、忘乎所以的活动。游戏和物质利益没有关系，游戏人不能从中获利。游戏在特定的时空范围内展开，遵守固定的规则，井然有序。游戏促进社群的形成，游戏的社群往往笼罩着神秘的气氛，游戏人往往要乔装打扮或通过其他方式展示自己在这平凡世界中的与众不同。[4]

在撰写这部著作时，赫伊津哈更多关注文化、历史、人文精神中

---

① 布莱恩·萨顿 - 史密斯非常关注儿童的游戏，主持开发过很多儿童娱乐项目，是游戏教育倡导者。

② Avedon, E. M., & Sutton-Smith, B. (2015). *The Study of Games.* Mountain View: Ishi Press International.

③ Suits, B. H., Newfeld, F., & Rueter, W. (1978). *The Grasshopper: Games, Life and Utopia.* Toronto: University of Toronto Press.

④ Huizinga, J. (2000). *Homo Ludens: A Study of Play-Element in Culture.* London: Routledge, p. 10.

的游戏元素。不得不说，其关于游戏社群的说法让人惊呼。另外值得一提的是，赫伊津哈首先提出了游戏中"魔圈"的概念：所有的玩乐都会在一个游戏场所中进行，这个场所是预先在物质上或精神上被划分的。"魔圈"和竞技场、牌桌、神庙等一样，就是这样的场所，其被赋予特殊的规则，临时地从现实世界中被划分出来，并专门用来进行这种行为。

而后续凯卢瓦的作品《人、玩耍与游戏》可以说是在赫伊津哈理论的基础上，作出了更贴近游戏本体理论的拆解讲述。这两部著作撰写的时代都没有出现计算机游戏，不过，这两部著作对于游戏与人文历史的关系阐述得非常深刻，是研究游戏本体的必读佳作。在《人、玩耍与游戏》一书中，凯卢瓦在赫伊津哈理论的基石上，提出了玩游戏的六个特征。

玩游戏的六个特征

自由：玩游戏的行为一定是没有强制性的；如果涉及到不得不参与，那么游戏最大的特征——吸引力和快乐——就会立即消失。

与真实世界的界限：游戏在开始之前，被提前圈定在特定的时间与空间内。

不确定性：游戏会留出一定的交互空间，供玩家参与并创造，其过程和结果都呈现出不可预知性。

不为功利性目的而存在：既不创造商品，也不创造财富，也不创造任何形式的新元素；并且，除玩家之间的财产交换以外，其结果与游戏开始时的情况相同。

由规则控制：进入游戏后，玩家暂时放下真实生活中遵循的法则，在游戏时间内建立独立、闭合的新规则。

> **假装特征**：相对于真实的世界来说，玩游戏的过程伴随着一种感受，时刻让人意识到这是个特别的第二人生，或是一个可自由操控的模拟"现实"。[①]

凯卢瓦提出的六条关于游戏的特征更加明确、具体，并且被大量应用在现代游戏研究中，也是国外游戏研究相关书籍频繁引用的内容。此外，凯卢瓦指出，在赫伊津哈给出的游戏定义中，缺失了概率性游戏的内容，他认为把概率游戏（带有博彩性质的内容）排除在游戏范畴之外是不对的。[②]他还开创性地提出了对游戏进行分类的四种角度：竞争、概率、模拟、变换。[③]这种对于前作的补充讨论，对于游戏研究领域来说是一个值得雀跃的事情，因为在科学方法的积累下，关于这个领域的研究可以渐渐地越来越深化。于是，在1971年，一本名字即是"游戏研究"的书籍面世。在这本名为《游戏研究》的书中，作者阿维登与萨顿-史密斯给出了关于游戏的非常简洁有效的定义：

> 游戏是一种自愿控制系统的行为，这种系统中存在着受一定规则限制的不同力量之间的对抗，以产生不均衡的结果。[④]

[①] Caillois, R. (2001). *Man, Play, and Games*. Trans. Meyer Barash. Chicago: University of Illinois Press, pp.21-22.

[②] Caillois, R. (2001). *Man, Play, and Games*. Trans. Meyer Barash. Chicago: University of Illinois Press, p.5。

[③] 同上，p.12。

[④] Avedon, E. M., & Sutton-Smith, B. (2015). *The Study of Games*. Mountain View: Ishi Press International. 原文：A game is an exercise of voluntary control system, in which there is an contest between powers, confined by rules in order to produce a dis-equilibrial outcome.

　　上面提到的这些关于游戏的表述，都写在电子游戏出现之前的时代。表述者都是哲学大家、文化大家及游戏化教育的先行者，所以内容的着力点主要集中在哲学、人类学以及文化发展，他们从这些层面探讨对于游戏本质的理解。我们可以从中整理出两个阶段，来帮助我们更好地理解。

　　首先是在游戏进行之前，游戏参与者存在的共性。舒兹提出的"游戏的态度"[①] 这一词汇很准确，玩家参与游戏的行为是一种"有意识的""自愿的""自在性的"的行为。同样，也正像赫伊津哈提到的"魔圈理论"，玩家自愿在游戏中特定的时间、空间和规则下进行游戏，一旦退出这个魔圈也就成了游戏的破坏者。从这个共性里，我们可以看到其实人类参与游戏活动的内在驱动力，以及人类从事游戏活动本身带有的"神圣"目的性。正如柏拉图所描述的游戏是由"神赐"的，这里的"神赐"自然会把游戏和生物演化紧密联系在一起。可以说，在这些思想家的论述中，游戏其意义本身是超越了游戏本体的。

　　另外一个阶段是当玩家参与到游戏里之后，游戏本体呈现出的一系列特征 ——"模拟活动""假装特征""不确定性"等等。这些特征是用来描述游戏中的系统的，如果我们把这些冗长的修饰词都去掉，那么游戏的本质就是一个具备以上特征的系统。一套系统最大的特点是其容器性质。各位学界大家针对游戏的论述已经充分体现了游戏的容器性质。他们的论著很少局限在单一角度，而是基于作者的知识结构，从宗教、语言学、哲学、教育和艺术等多个角度展开。游戏的容

---

① Suits, B. H., Newfeld, F., & Rueter, W. (1978). *The Grasshopper: Games, Life and Utopia.* Toronto: University of Toronto Press, pp.54-55.

器性质，是理解前辈们游戏研究成果的关键，也是帮助游戏研究者们拓展游戏的应用情境的关键。

虽然我们并非要对前辈们关于游戏的表述品头论足，但是我们必须清楚这些表述发生的时代，都是在电子游戏出现之前，在计算机出现之前。那个时代，游戏与人们"融合"得非常好，表现形式也很多样，如棋类、球类、纸牌，甚至还有行酒令。这些游戏所创造出来的"游戏世界"并没有显现出媒介上的隔阂，所以很多学者对游戏的关注方式是溯源式的，是从哲学、文化以及人类演化的角度出发，推出这其中的游戏因素。

而在计算机媒介和游戏合体后，计算机的信息输入与输出方式给游戏本体打了一针强心剂，使游戏发生了里程碑式的变化。玩家感受到了一个真正意义上的虚拟"游戏世界"的操控，人们对于游戏的观察着力点也逐渐转移到游戏的"虚拟世界"中。而从这之后，由于电子游戏在欧美的迅速发展，社会对于游戏的关注大大提升，使得对游戏的研究也进入了现代阶段。

在这个阶段，涌现出的学者与著作就更多了。下面我们从《计算机游戏设计艺术》（*The Art of Computer Game Design*）、《玩乐之道：游戏设计基础》（*Rules of Play: Game Design Fundamentals*）和《游戏设计梦工厂》（*Game Design Workshop*）三本书中挑选出三个清晰简练的关于游戏定义的描述。这三本书都是游戏设计领域公认的经典之作，下定义的这几位作者都既是学者，也是电子游戏设计师，具备电子游戏开发的实践项目经验。而这几位作者对于游戏的表述相较于我们在前面列出来的定义，其内容已经逐渐趋于一致了。游戏定义的趋同，也与社会对游戏的关注度提高有关，学者们通过前人的积累，逐渐形成了比较通用的概念定义。

"游戏是一个独立闭合、有明确规则的系统，这个系统从人的主观角度代表着真实世界的一个子集。"①

——克里斯·克劳福德（Chris Crawford）②

"游戏是一种系统，在该系统中，玩家被吸引进入由规则定义的人为冲突，从而产生可量化的结果。"③

——凯蒂·沙伦（Katie Salen）④ & 埃里克·齐默尔曼（Eric Zimmerman）⑤

"游戏是一个独立闭合、有明确规则的系统，这个系统吸引玩家参与到结构化的冲突之中，并以不同的结果解决其不确定性。"⑥

——特雷西·富勒顿（Tracy Fullerton）⑦

---

① Crawford, C. (1984). *The Art of Computer Game Design.* New York: Osborne/McGraw-Hill, p.4. 原文：A game is a closed, formal system that subjectively represents a subset of reality.

② 克里斯·克劳福德是欧美游戏行业理论的先行者，曾担任 Atari 游戏设计师，创立计算机游戏开发者大会（GDC 的前身）并担任主席。

③ Salen, K., & Zimmerman, E. (2010). *Rules of Play: Game Design Fundamentals.* Cambridge: The MIT Press. 原文：A game is a system in which players engage in an artificial conflict, defined by rules, that results in a quantifiable outcome.

④ 凯蒂·沙伦是一名游戏设计师、教育家。她是德保罗大学计算与数字媒体学院的教授，也曾在帕森斯设计学院奥斯汀分校、纽约大学和罗德岛设计学院任教。她创办了非营利性学习设计工作室 Institute of Play，该工作室的理念非常前沿，是基于游戏和游戏原理对孩子们进行教学的一次尝试。

⑤ 埃里克·齐默尔曼，游戏设计师，Gamelab 联合创始人兼首席执行官。自 1996 年以来，齐默尔曼写了 24 篇论文和白皮书，大部分都与游戏研究或游戏开发相关，他目前是纽约大学游戏中心（NYU game center）的创始教员之一。

⑥ Fullerton, T. (2018). *Game Design Workshop.* Boca Raton: CRC Press. 原文：A game is a closed, formal system that engages players in structured conflict and resovle its uncertainty in an unequal outcome.

⑦ 特雷西·富勒顿是美国南加州大学游戏专业的系主任，代表作有游戏《瓦尔登湖》（ *Walden, a Game* ）。

克劳福德在他的书中，用了大量篇幅描述关于游戏的定义，他提到了游戏的四种特征：抽象代表、与人交互、冲突、安全。其中"冲突"（conflict）一词，之前的学者们没有使用过，是由克劳福德首先应用在游戏的定义中的，后续很多学者都相继沿用了这一词汇。由于篇幅缘故，还有很多学者的论著我们不能在此展开论述。不过，综合前文提到的三个阶段的学者关于游戏定义的阐述，我们已经能够比较清楚地看到游戏定义的发展过程。可以说，游戏不是一个容易解释的概念，那些把游戏等同于娱乐，或者轻描淡写就想勾勒出游戏定义的想法，非常门外汉。相反，很多学者都使用了列举特征的方法来界定游戏这个概念，而这个办法非常有效。不过由于这些都是西方学者的论著，翻译之后语言上难免有隔阂。我们可以综合游戏研究前辈们的理念，大胆地用相对中文化的论述重新罗列游戏的特征。游戏的本体是一套系统机制，并具备以下特征：

（1）吸引人们自愿地参与其中。

（2）具有明确的规则，圈定了参与者的行为范围。

（3）玩家的交互行为会带来系统状态的变化。

（4）参与者在试图达成目标的过程中会遇到来自系统或者玩家的阻碍。

所以，游戏的本体是一套系统机制，本体的性质决定了游戏的**容器属性**，使其可以融合很多的内容和形式。而吸引玩家**自愿参与**是这个系统的首要特征，如果一个玩家参与的过程没有"游戏的态度"，而是被迫的，那么这个行为就变成了任务。第二特征是游戏规则的**严肃属性**，只有在大家都遵守规则的情况下，游戏才能继续，打破规则就成了作弊者或者直接毁掉了游戏进程。第三个特征是玩家交互带来的**状态变化**，包括游戏过程中的状态变化，以及由规则设定所引发的不确定的结果，这是游戏媒介的独有特征，游戏是动态的系统。在看电影、阅读书籍等文艺活动中，玩家不能使对象发生任何媒介内容上的变化，相比之下，参与者更像是旁观者。所以游戏可以给玩家创造出愧疚感与成就感，而电影则不能。最后一个特征是**阻碍**，这个阻碍包括了谜题、困难、挑战、选择、对抗、合作、竞争等等。所有这些阻挠玩家"一键通关"的内容，都是阻碍。这个特征是游戏矛盾性的体现，也是游戏 hard fun 的体现。关于游戏的定义也可以简化为：

> 游戏是一套具有明确规则的动态系统，吸引玩家遵照规则地参与其中，并为了达成游戏目标而自愿克服阻碍。

虽然游戏的定义有了一个相对公认的边界，但是我们必须明白，随着科技的发展，这个边界也许有一天还会被打破。比如现在出现的交互视频到底算不算游戏？马斯克把人脑数据上传到云端，游戏和真实世界是否还能界限清晰？艺术家谭平在《设计基础》一书中提到过艺术的定义，"艺术的观点是开放的，大家都给艺术下定义就是最好的定义"。我想游戏也是一样，并不是一定要有一个公认的游戏定义。《文明》系列游戏的制作人席德·梅尔（Sid Meier）的这个说法就非常特别："一个好的游戏是一系列有趣的选择。"

学者们自愿达成一个趋同的定义，显然不是在为争辩定义而定义，而是为了在某种程度上封装游戏概念，以便于工作和交流。而且定义一样事物的过程也很有趣，可能比定义本身更有学习的价值。游戏的容器性质决定了它会和很多新鲜事物产生融合，会不断尝试突破自己的边界。面对这样的特征，游戏设计师、游戏制作者要区别于学者，当你理解了游戏的边界、理解了游戏本体之后，你就要开始尝试"忘记"这个定义了。在游戏的边界线上，闪闪发光的事物琳琅满目，那是游戏设计师应该去挖掘的内容。

1.4 系统机制

上一节提到了很多认知度比较高的游戏定义，我们看到了很多关键词，"自愿参与""系统""规则""状态的变化"等被频繁提到，其中"系统"是游戏的本质，也是我们学习游戏的过程中的重要关键词。一款游戏系统吸引玩家参与其中，使玩家行为和游戏系统交互在一起，我们称其为一款游戏的系统机制。很多线下多人参与的游戏，比如狼人杀，其游戏的核心体现就是系统机制。现代电子游戏的视觉冲击力很强，会让很多玩家忽略自己对于游戏系统机制的感受。但作为游戏设计师，理解透彻一款游戏，首先一定要理解其系统机制运作的原理。那么关于系统机制这部分，我们可以从两个古老的游戏聊起——围棋、扑克。

1.4.1 围棋与扑克牌的机制是什么

如果被问及是否会下围棋，多数人的回答会是：我不会。部分人是因为真的不会，还有一部分人是觉得自己不会。

图 1-1 围棋

那么，人们真的不会下围棋吗？实际上，围棋的人为机制①非常易于理解，可以说比绝大多数我们熟悉的游戏的机制都简单。围棋最核心的机制其实只有一句话：有气则活，无气则亡（见图 1-2）。也就是说，当一颗或一片相邻棋子横纵紧邻的点上均有异色棋子存在，则该棋子就失去了所有的"气"，就好像被围住一样，需要立刻被提子。比如图 1-2 中黑子有四个气，如果都被白子所占，则黑子需要被"清理"出棋盘，也就是被吃掉了。

————————————

① 人为机制，是设计者可控的机制，它包括限制条件、目标追求、基础模块、抽象模拟等，是设计者对参与者行为的限制或引导，在下一小节中详细解释。

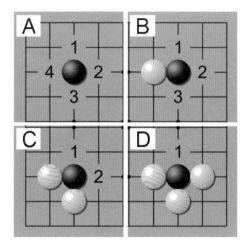

图 1-2　围棋原理[①]

围棋的游戏规则：

✓ 对局双方各执一色棋子。

✓ 纵横各十九条线构成棋盘，空枰开局。

✓ 黑先白后，交替着一子于棋盘的交叉点上。棋子下定后，不得移动。

✓ 双方的目标就是要围占更多的交叉点，也就是占得更多的目。

✓ 在前面规则的基础上，围棋有一些需要注意的衍生规则，比如虚着、禁着点等。

抢地盘的机制听起来非常"简单"，但当面对围棋大师们的比赛时，就要考验观众的水平了，"云玩家"和围棋大师是无法交手的。因为在这 361 个交叉点上，双方每落一子，都刷新了棋局中树状发展的可能性，这个数量是个天文数字。这使围棋虽然只有简单的规则，

① 图片来自 Scsc，CC BY-SA 3.0，https://creativecommons.org/licenses/by-sa/3.0，通过维基共享资源。

但游戏的机制表现却非常的复杂，对于棋手的算力、策略都要求很高。如果两个选手水平相差太多，那么就会错位理解棋局的发展可能性，当高手已经获胜时，初级选手连自己是怎么输掉的都看不懂。理论上讲，你听懂了游戏规则也就可以下围棋了，但实际上，你下的围棋和专业选手玩的围棋完全是两个不同级别的游戏机制。这也是为什么围棋选手要分段——保证你们玩的还是同一款游戏。

说到这里可以发现，其实围棋最大的魅力，是思维的博弈，是对弈双方算力和策略的比拼。可见的规则虽然很简单，但是思维博弈所总结出来的"不可见机制"却奥妙多变。这里提到的博弈的"弈"就是下棋，而且特指下围棋。围棋里还有一种极限玩法叫作盲棋，对弈者在完全不看棋盘的情况下进行对弈，由他人代为落子。那么这种盲棋状态，对局双方除自己的大脑之外，就没有任何其他的游戏道具了，一切的规则信息都在双方的脑海里，可以说，这是一种人类自我挑战的极限追求。说了这么多信息，如果现在再问你是否会下围棋，你又该如何回答呢？

再说说扑克。如果我们被问及是否会打扑克，多数人第一反应的回答可能是——我会打，或者是问问具体要怎么打，打哪个地方的玩法。

仔细想想，我们真的会吗？扑克的玩法基于地域的差异有种种不同，不胜枚举。面对扑克，每个人都有那么几种熟悉的玩法，从这个角度来说，我们是会玩扑克的；但是当三五好友凑在一起想要玩玩扑克时，又总会有人提出新的玩法，需要大家学习学习。那么扑克的核心机制到底是什么？是牌面为 2 厉害，还是牌面为 A 更厉害呢？是红桃压黑桃，还是黑桃压红桃呢？似乎这些都不太确定。

我们只能看到，扑克提供给了玩家 54 张牌面，这里有 4 套不同

花色的主牌，每套包含 13 张相邻的牌面，牌面的图样分为数字牌和
人物牌两类。在 4 套主牌外，还有两张单独的副牌。[①]

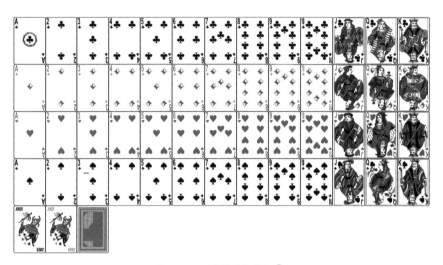

图 1-3　现代扑克牌牌组[②]

　　那么除了这些纸牌，扑克本身并没有任何机制说明如何去玩。扑
克的机制是开放的，理论上可以有无数的玩法，游戏中玩家也可以
有无数种不同的游戏目标，和围棋多变的棋局一样，这又是个天文
数字。扑克牌仅仅提供了特定的单元属性，然后把机制留给玩家去补
充，这是扑克最有生命力的地方。这个性质和"玩具"类似，比如
七巧板、乐高、沙盘游戏都是给了玩家一大堆可玩元件，这些元件之
间存在着某些结构性的关联，然后具体游戏的机制由参与的玩家来补

---

① 　扑克牌的前身最早可以追溯到中世纪的欧洲、中东和中国，与现代扑克有较为直接的
渊源的有法国游戏 Poque、英国游戏 Brag、欧洲游戏 Primero，以及波斯游戏 As-Nas。它们
大部分都只包含 20 张牌，直到 19 世纪中期，一副扑克牌才从 20 张卡片扩展到 52 张。
② 　图片来自 David Bellot，LGPL，http://www.gnu.org/licenses/lgpl.html，通过维基共享资源。

充。现在流行的开放世界电子游戏其实也差不多是这个原理，比如
《我的世界》《饥荒》《侠盗猎车手》等等。

　　为什么一个规则如此"简单"的围棋，被称为世界上最具挑战的
棋类游戏？在下棋的过程中，还有哪些内容也成为了机制？而一个人
人都会玩的扑克，它的机制又是什么呢？提供了 54 张牌给玩家，这
算不算机制呢？

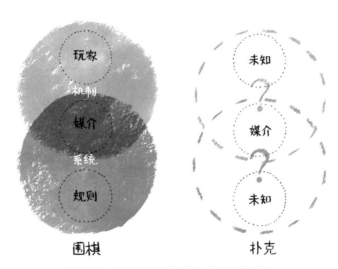

图 1-4　系统与机制在围棋、扑克中的体现

　　前面一小节提到，游戏的本质是一个具有各种特征的系统，这
个系统会与人（玩家）交互，产生状态的变化，系统与玩家交互的过
程表现，我们称之为游戏机制。游戏的规则、操作过程、玩家的行为
与思考共同构成了游戏机制。所以，"系统"一词是用来描述游戏的
本体的，而"机制"一词是用来描绘游戏的表现的。一款游戏的机制
需要玩家参与之后才能体现出来，有可能规则很简单，但玩家因素的
介入使其机制体现非常复杂。围棋的规则就很简明，需要两名玩家参

与，游戏媒介是一个横纵 19 条线的棋盘和黑白棋子，玩家的目标也
很明确，就是要围占更多的地盘；而扑克唯一确定的元素就是它的游
戏媒介——54 张纸牌，除了纸牌之外，扑克的规则千变万化，参与
的玩家数量从 1 人到多人不等，难度更是深浅各异。所以严格来说，
扑克应该算是玩具，不算是游戏。但当玩家群体参与到围棋和扑克中
后，两个游戏的机制都变得复杂且庞大。尤其对于扑克来说，只有玩
家参与时它才算是一个完整的游戏。

1.4.2　人为机制与自然机制

为了加深对机制的理解与使用，我把机制分为人为机制和自然
机制两个大的类别。人为机制是游戏中由主观设定的可量化规则，比
如限制、目标、操作流程、关卡设计等；自然机制是游戏中来自世界
或模拟世界的机制，通常会产生不可控的结果，比如随机性、重力属
性、行为属性等等。

那么围棋的游戏机制中，我把棋盘的格式、交替落子、竞争围
堵、玩家目标这几项称为人为机制。人为机制是游戏可玩性的决定性
因素，牵一发而动全身。比如说，围棋的棋盘是 19 乘 19，无数的树
状可能性。如果我们把它改成 10 乘 10 的话，可能性大大减少，比
较适合下五子棋；如果我们改成 3 乘 3 的话，就变成了井字棋；但
如果我们把它变成 30 乘 30 的棋盘，也许阿尔法狗（AlphaGo）[①] 都要

---

① 阿尔法狗是第一个击败人类职业围棋选手、战胜围棋世界冠军的人工智能机器人，由
谷歌旗下 DeepMind 公司创始人戴密斯·哈萨比斯领衔的团队开发。

晚出道几年。如果在这个基础上再把回合制 ① 去掉，那会是什么效果呢？比如，贝内特·福迪（Bennett Foddy）② 的《极速象棋》③，在这款游戏中，设计师去掉了国际象棋的回合制机制，并且允许最多 16 名玩家共同参与游戏。这场象棋游戏立刻变成了一场激烈的竞速比赛，原本玩家是靠策略制胜，但现在一切的策略都要基于快速的反应才能有效。另外，游戏中的关卡设计（level design）也是典型的人为机制。关卡设计是游戏设计与开发的一门学科，涉及创建游戏中不同的关卡元素，包括地图、流程、任务等。高尔夫球中经常请知名的球手来设计十八个球洞的结构，每一个球洞的结构设计就是关卡设计。电子游戏中设计者通常使用关卡编辑器来完成这项工作，关卡编辑器是为构建关卡而设计的游戏开发软件。关卡设计是人为机制中非常重要的一块。

　　人为机制的对立面是自然机制，自然机制是游戏中来自世界或模拟世界的机制。比如高尔夫游戏中，草、风、沙坑是直接来自世界的元素，属于典型的自然机制；在一款弹珠台游戏里，珠子就是模拟世界的可玩元件，也是自然机制；在篮球游戏里，球也是自然机制；在围棋里，对弈者们不停运算的大脑是不可控的行为元素，也是自然机制。自然机制的特点是其自然规律性与不可控制性，比如球类运动者

---

① 回合制是一种游戏形式，即游戏玩家轮流进入自己的回合，只有轮到自己的回合时，才能够进行操纵。回合制下玩家有更多的时间进行策略上的思考。与回合制相对应的另一种形式是即时制，即玩家无需等待自己的回合，随时可进行操作，更考验玩家的操作速度与反应能力。

② 贝内特·福迪目前是纽约大学游戏中心的一名讲师，独立游戏设计师。他的代表作有游戏《QWOP》《掘地求生》（Getting Over It With Bennett Foddy）和《极速象棋》（Speed Chess）。

③ Foddy, B. (2014). "Bennett Foddy's Speed Chess." Foddynet. http://www.foddy.net/2014/09/speed-chess/.

首先都要掌握球体在世界中的运动规律。在自然机制面前，游戏设计者的角色是搬运工，是组装匠，甚至是播种者，我们只需要扔一个"机制"的种子，看它生长。

在不同的游戏里，人为机制和自然机制会呈现出多样的交互比例。拿高尔夫球举例子，为什么高尔夫被称为最难的球类运动？前面提到了挥杆技能的掌握，需要大量的练习，而更重要的因素是，游戏的自然机制占比非常高。等你掌握了挥杆要素，你还要面临站在坡道上击球，站在沙坑里击球，甚至计算风力和判断空气湿度等等。这些自然机制使得游戏在看似可控的情况下充满了不确定性，所以期待一场精彩的球赛是需要运气的。相反，很多游戏的人为机制则非常强大，比如 MMORPG^① 类型的游戏，核心的目标是角色的成长，玩家所扮演的角色看似可以不断成长，打怪升级，但其实背后都是数据构成的。成长的速度、成长的树形分支，都是人为机制，玩家只需要做一系列选择就好。MMORPG 里也存在自然机制，那就是人与人之间的竞争机制，比如游戏中两个公会团体的战斗，就是在固定的时间、场景内，一群玩家与另外一群玩家互相扔数值。其中数值虽然是人为机制，但玩家群体的行为属性是不可控的自然机制。所以，MMORPG 游戏到了生命周期的中后期时，要不停地组织一些公会对抗，也就是创造一群满级的角色之间互相扔数值的机会，这给玩家带来了有趣的不可控因素，也延长了游戏的生命周期。

游戏中的人为机制和自然机制的比例，不仅对于延长游戏生命周期有影响，对游戏的核心玩法与体验，甚至游戏的"基因"特点都

---

① MMORPG, massively multiplayer online role-playing game 的缩写，大型多人在线角色扮演类游戏，比如《魔兽世界》。

有很大的影响。在人为机制比较多的时候，设计师与玩家共同主导游戏，玩家能够明确地感受到"游戏上帝"的存在。但是反过来，如果自然机制比较多，设计师的存在感非常微弱，玩家有时会有一种错觉，以为自己完全主导了游戏的进程。比如围棋，如我们前面所介绍的，它只是给了玩家一些基本的规则限定，而其余大量的内容恰恰是由玩家自我衍生出来的，是玩家为了获胜而总结的经验法则，所以玩家自身的感觉就是靠围棋技能可以主宰游戏机制。再比如沙盒类电子游戏《我的世界》，也是同样的道理，设计师的人为机制体现在类似玩具的单元体的设计上，至于单元体如何摆放，则要看玩家的主观想法。当这些主观元素摆在玩家面前时，参与者的脑力就"流向"各个角落，也给游戏带来了丰富的状态变化。但是，当人为机制比较多的时候，玩家与游戏设计师就共存于一款游戏当中了。比如《底特律：成为人类》这样的交互式影像游戏，完全都是人为机制，玩家绝大部分时间只需要做出选择，偶尔操作一下主角，也是跟着剧情推动游戏进程，这样的机制比例可以有效地传达出制作人的情感信息，给玩家创造被动式的沉浸体验。

我鼓励学生们对自己熟悉的游戏机制进行拆解，看看哪些是人为机制，哪些是自然机制。通过对机制的拆解，我们会更好地感受到机制比例对游戏基因的影响，也不难发现人为机制对自然机制的牵动关系。前文提到的"流向"这个词汇，生动地体现了两者之间的关联。人为机制就好比一条小溪里沟渠的结构、石块的摆放，而自然机制就好比溪水。沟渠结构的变化，或者一块小石头的变化，都会影响水的流向。两者之间是一种动态关系，人为机制的设计决定了游戏的随机性、行为属性等自然机制的流向范围，就好像河里的沟渠改变了水流粗细及方向一样。机制是游戏设计中最值得研究的领域之一，而人为机制和自然机制之间的动态关系是理解游戏机制如何运作的关键。

1.5 游戏 艺术 文化

2018 年 11 月，不计其数的学生用"埃及"（Invictus Games 缩写为 IG）在朋友圈刷屏。英雄联盟 S8 总决赛在韩国举办，23000 多张现场票提前一个月卖光，决赛当天的直播观众超过 1 亿人次，这种现象级的数据背后是一个崛起的文化圈层。从社会心理学角度来看，电子竞技的观众群体已经具备了"集体的灵魂"，那么毫无疑问，电子游戏已经是文化情感信息的最重要的媒介之一。

可是即使在今天，我们提起游戏这个词，尤其是电子游戏这个词语的时候，也很少有人会把它和文化、艺术联系在一起。而实际情况却恰恰相反，电子游戏的研发过程及玩家群体正在和文化、艺术融

图 1-5 《永不孤单》游戏画面

合。《永不孤单》是一款发行于 2014 年 11 月 18 日的策略解谜类冒险游戏，是由阿拉斯加原住民组建的上一游戏（Upper One Games）工作室开发的作品。制作团队召集了近 40 位原住民群众协助他们研发，其中包括当地的长老、说书人和一些社区的志愿者。除此之外，还有一家游戏教育发行机构（E-Line Media）协助他们开发。

团队研发《永不孤单》的目的是保护美洲原住民的文化和故事，正因为其是根据阿拉斯加原住民因纽皮雅特人（Iñupiat）的民间传说改编的，使得此款游戏的风格更加独特。

游戏中，玩家要控制小女孩努娜（Nuna）和一条北极狐，为了拯救部落，完成一场在北极冰盖上的探险之旅。同时，游戏的画面也是俘获玩家的重要因素，不过这种漂亮并不是流于表面。游戏由 9 个不同的区域联结而成，从冰原到海边小镇，各种形态的阿拉斯加独特景致都被包含在内。这款游戏力求完美地呈现阿拉斯加北极圈内令人心旷神怡的美景，而不仅仅是那冷酷无情的暴风雪。

图 1-6　游戏的设计与所参考的当地的风俗文物

图 1-7　邀请阿拉斯加当地的故事讲述者为游戏配音

　　《永不孤单》这款游戏比较有代表性，但它并不是唯一的体现游戏与文化融合的产品，越来越多的研发商正在朝着这个方向行进。那么，在这个过程中，理解游戏与文化、游戏与艺术的关系就变得格外重要了。

1.5.1　玩耍来自本能，游戏孕育文明？

　　有一种说法称游戏为一种新媒体，这个说法不严谨。在 21 世纪的新媒体中，计算机被广泛应用，肯定是其一，但游戏不是，它甚至可能比艺术、文化诞生得还要早，是个彻头彻尾的"老家伙"。甚至游戏本身是不是媒体，还是说它具有媒体的性质，都有待探讨。而大家把游戏称为新媒体，指的是计算机与游戏内容的合体形式，即有着卓越的媒介展现力的电子游戏。

如果我们剥离计算机的加持，回看游戏的本体，那么，我们会发现游戏的"容器"属性非常突出。这导致不同领域的学者看待游戏时，由于他们都会将游戏与自身熟悉的知识体系相结合，从而生长出了他们认为的游戏属性。从生物学角度来看，游戏似乎是人类的本能；数理方面的学者可能认为游戏就是一个数值系统；社会学者或人类学者把游戏看成学习的工具；史学家或艺术家认为游戏是文化与艺术的媒介。不同学者看待游戏的态度不同是完全可以理解的，比如《游戏的人》的作者赫伊津哈把游戏和人类世界的战争联系起来，也是由于游戏的容器性与其时代背景和学术背景相融合。

在众多关于游戏的论著中，有一组概念是容易混淆的，那就是"玩"与"游戏"。很多人会认为"玩"就是"游戏"，因为我们经常说"玩游戏"，所以我们容易把两者模糊对待。在"玩游戏"这个词组中，"玩"是动词性质，那么作为动词的"玩"还可以用于很多情景，比如说玩水、玩车、玩弄、玩物丧志。"玩"也可以作为形容词、名词，使用的情境也很丰富，比如古玩、珍玩、玩具。所以，"玩"不是专门用来修饰游戏的，而是用来表述这类非严肃态度的行为或事物。虽然这个"非严肃"性和参与游戏的态度有一定的重合，但不能因此将二者混淆。

另外，游戏也存在严肃性、拟真性。我们前面提到过，游戏的规则就非常严肃，哪怕是对于规则的一点点破坏都是对于游戏的毁灭。而讲到拟真性，在游戏过程中，玩家是沉浸在游戏所创造的世界中的。电子游戏媒介的拟真性更加突出，比如《星战前夜》这款描述未来太空战斗的游戏，其所表现出来的元素几乎都在尽可能地还原太空战斗的真实状态。所以，参与《星战前夜》游戏的玩家，都是在非常严肃地把自己沉浸在虚拟的未来太空语境中。在这款游戏中，玩家之间为了一场战斗，要筹备几个月乃至几年。这种"成本"上的巨大付出，也可以说是在模拟真实的情况。

面对游戏的严肃性、拟真性，我们需要知道"玩"与"游戏"是两个事物，要分阶段来理解。"玩"更像是一种原始属性，无论是小孩子还是小动物，都存在与"玩"相关的属性行为，比如动物在幼年的成长过程中，出现的登高、爬树、追逐等行为。这些天然的训练、学习和发育过程是典型的"玩"的行为；而"游戏"行为需要规则、需要沉浸，这种严肃的游戏元素是与人类对世界的认知过程息息相关的。游戏需要人类对事物有概念封装的能力，如此才能先行定义规则；游戏需要人类有沟通协作的能力，如此才能严谨有序地进行游戏。所以区别于原始属性的能动力，游戏与人类早期文明辉映而生，游戏是文明的一类产物，或文明是游戏的一类产物也未可知。

"玩游戏"这个固定搭配其实也非常不牢靠，人们可以用"进行游戏"或"参与游戏"来替代"玩"这个词。严格来说，其实并没有特别适合游戏的专属动词，也许"游戏"本身正是最贴切的动词，这样可以更加全面地描述游戏活动——一种兼具了娱乐性与严肃性的活动。

1.5.2　融合的媒介

随着计算机的诞生与发展，游戏这个"老家伙"有了全新的媒介载体。从最初的 8 位计算机表现，到现如今 4K、VR、AR 等全新的体验方式，游戏可以有故事、有音乐、有动画、有蒙太奇，可以有强大的富媒体表现力，不仅可以模拟出千军万马的对垒，甚至可以描写未来太空的战斗。计算机媒介与游戏的结合共同构成了电子游戏，可以说，电子游戏成为了游戏绽放的形式。除了可以融汇过往所有的内容表达形式——小说、电影、动画等等，人的参与交互也成为游戏内容独一无二的部分。克劳福德在他的论著中曾经试图用逻辑图清晰地拆解游戏媒介所具有的唯一特征。

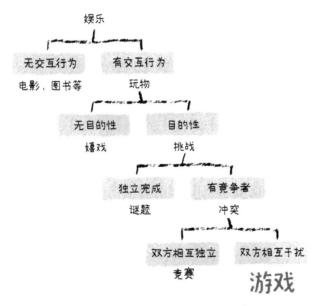

图 1-8　游戏媒介所具有的唯一特征 [①]

有一种大家熟悉的说法，即把游戏比作第九艺术，这个说法惯用在国内的论著中。把游戏称作第九艺术，能让大家比较容易理解游戏这个媒介的特征，而且这个比喻也很有冲击力。但使用这个表述，就

---

① 根据克劳福德所著《计算机游戏设计艺术》一书的内容整理出来的电子游戏与艺术、电影、书籍、玩具、谜题、竞赛等的不同。

意味着默认前八种艺术①的说法是准确的。对于把艺术分为八种、九种的论调，我们在此不作讨论，不过关于游戏与艺术，我的观点是：游戏与艺术是两个独立的学科范畴，但它们会交叉发展，而且交叉得既广泛又深刻。

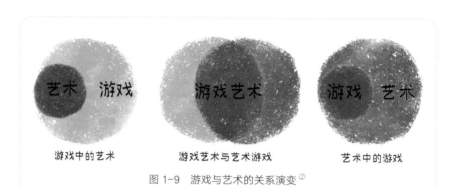

图 1-9　游戏与艺术的关系演变②

　　游戏中的艺术（art in game）：游戏制作过程涉及设计、视觉或写作等艺术表达工作。

　　游戏艺术与艺术游戏（game art & art games）：是具有可玩性的游戏，同时也是具有创造性的艺术作品。

　　艺术中的游戏（game in art）：在创作过程中使用了游戏机制或游戏美学来传达观念的艺术作品。

　　从一个游戏设计教育者的视角来看，艺术在当下已经具备较完善的学科体系，而游戏的学科体系正在不断完善，针对"游戏和艺术"

① "第九艺术"的出现基于已有的"八大艺术"。"八大艺术"即文学、音乐、舞蹈、雕塑、绘画、建筑、戏剧、电影八种艺术门类，"第九艺术"即在八大艺术之外出现的新型艺术形式。

② 参考了拉尔斯·克里斯滕森（Lars Kristensen）对于游戏与艺术的看法。克里斯滕森是瑞典舍夫德大学的学者，研究电影和游戏，受邀给 2018 年国家艺术基金游戏艺术设计人才培养项目授课。

进行逻辑性的拆解非常实用，能使学生很容易理解，同时也有举一反三的示范性，这种思考方式同样适用于理解游戏和文化的关系。

游戏中的艺术

这种游戏与艺术的关系是产业中常见的一种。游戏制作流程所覆盖的内容是跨学科的，文学、美学、音乐、交互，每一个领域都有其艺术的表达。比如美学在游戏设计里的运用，就包括前期的概念设定、游戏角色场景设定，还有音乐的美学定位，等等。游戏研发流程中，还有很多直接的美术工作，比如角色模型、场景模型、动作、特效、交互体验等等。

艺术中的游戏

艺术中的游戏所涉及的是那些最终产物并不是游戏，而是其他形

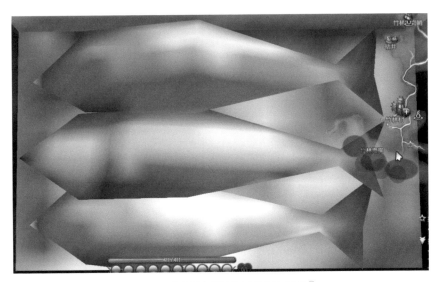

图 1-10 游戏里在岸边晒干的三条海鱼 [①]

---

① 截图来自游戏《剑灵》(2013)。

式的艺术作品，游戏的元素或思考方法只是参与到了创作的过程中。很多艺术作品的产生都是由于"游戏因素"对创作者本身潜移默化的影响。比如艺术家劳家辉，他对很多网络游戏的多边形模型以及模糊的贴图非常感兴趣。在游戏中，人物模型的面数要精简，贴图要用在关键地方。熟悉游戏制作流程的人都看得出，这类图形处理效果是为了适应计算机初期有限的算力、传输速度而产生的。但在艺术家劳家辉的眼里，这些待优化的贴图和模型是他创作的灵感。他喜欢这些锋利的模型边缘和模糊不清的贴图形成的对比，劳家辉就此尝试创作了一系列的绘画作品。

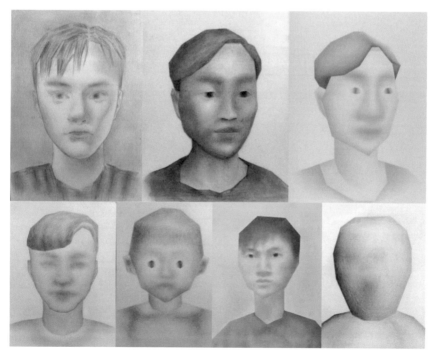

图 1-11　劳家辉的部分作品

　　在这些早期的网络游戏里，越是走近一个 3D 物体，图像反而越模糊，这和人们在现实世界中的感受刚好相反，这一点激发了劳家辉的兴趣与想象力。如果就把这样的虚拟场景复原在一个真实的场景里，会是什么样子呢？模糊的贴图似乎可以让很多熟悉游戏语境的人有一种次元错乱的感受。于是，劳家辉干脆衍生出了一个展览——《有个叫劳家辉的人开了个虚拟博物馆》①。

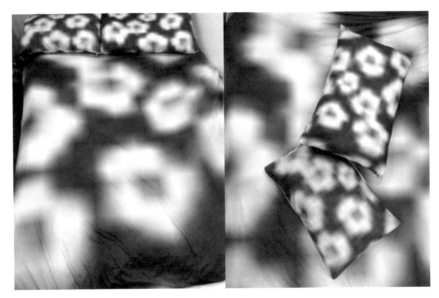

图 1-12 《有个叫劳家辉的人开了个虚拟博物馆》展览片段

　　劳家辉是通过游戏中计算机图形带来的独特视觉体验来进行创作的，那么有没有通过游戏的机制来进行艺术创作的呢？就像捉迷藏这个游戏，它的表现形式是无形的，参与者只能通过玩家和机制的交互行为感知到这款游戏，捉迷藏这种无形的游戏可以成为艺术吗？

---

① 广州，5art space，2019 年 3 月 23 日至 2019 年 5 月 23 日。

图 1-13 《有个叫劳家辉的人开了个虚拟博物馆》展览片段

图 1-14 《有个叫劳家辉的人开了个虚拟博物馆》展览的衍生品

出生于法国的艺术家、舞蹈家尤安尼·布尔热瓦（Yoann Bourgeois）目前是格勒诺布尔国立编舞中心的艺术总监，近几年他的作品在互联网上传播广泛，颇受瞩目。集导演、编舞和杂技表演等多项技能于一身的布尔热瓦在采访中表示，自己首先应该是一位"游戏大师"。布尔热瓦的所有作品都蕴藏着他对于自然机制的研究，"这套舞蹈作品是对地球重力的一次冥想"，这是艺术家本人对《历史机制》

（*La Mecanique de l'Histoire*，2017）所作的表述。

　　2017 年秋天，在巴黎先贤祠内，布尔热瓦现场进行并完成了《历史机制》这件作品。几名舞者，或者说几名具有高超蹦床技能的表演者，不断地循环从高处跌落，然后再蹦起的过程，但所有的表演者始终无法到达阶梯的顶端。在整个作品的进行中，可以说，既有创作者设定的人为机制，也有对重力这一自然机制的利用。完美的游戏创作方法，不需要任何的语言表述、文字解释，机制本身已经把信息传达给了每一个观者。

图 1-15　《历史机制》

　　游戏机制在艺术创作中的应用，可以拓展理解为一种游戏化（gamification）的应用。游戏化是指将游戏的系统、机制等要素运用在非游戏情景中，那么，除了将游戏机制应用在教育、管理、医疗中用来激励参与者，当然也可以应用在艺术创作中。可结合的内容不仅包括舞蹈，还可能涉及戏剧、综艺、线下的文旅情景等等。这几年游戏化的概念在行业里受到越来越多的关注，也有了"游戏＋一切"（game plus everything）的说法。其实不管是游戏化还是"游戏＋一切"，都有着巨大的潜在空间，无论是内容层面还是价值层面，都值得游戏研究领域的从业人员未来重点关注。

游戏艺术与艺术游戏

在游戏艺术或艺术游戏中，游戏与艺术之间的交叉关系呈现出一种制衡的状态，也就是很难判断最终的产物是一个游戏，还是一个艺术品。比如《风之旅人》这款游戏，它当然是不折不扣的电子游戏商品，在索尼 PlayStation 平台上取得了令人羡慕的销售成绩。但同时它也是一个艺术品，荣获了全世界无数的奖项，也受邀在各大美术馆作为艺术品参展。更重要的是，这件作品触动了众多玩家的情感。当然，这样一种双维度的体验对于创作者来说是梦寐以求的，虽然不能奢求，但是这种案例也并不鲜见，比如《时空幻境》《她的故事》《纪念碑谷》《汪达与巨像》《星战前夜》《黑魂》系列等都是出色的艺术游戏。

那么从游戏艺术角度讲，很多艺术创作者的出发点虽然是要创作艺术作品，但其作品最后也可能呈现为一个可玩性非常不错的游戏。比如冯梦波先生的作品《真人快打》，也是我印象非常深刻的游戏与艺术相制衡的作品。其作品受到 1992 年推出的《真人快打》游戏启发，邀请了 14 位亲友拍摄 32 组规定的打斗动作，使用光学传感器和游戏控制器等装置，开发出了类似于别注版本的《真人快打》。这部作品把艺术家及其亲朋好友作为一款格斗游戏中的可选角色，所有人物都以真实身份出场，通过激烈的搏击体现丰富的个性和幽默感。创作这部作品的艺术家同时也是喜欢格斗游戏的玩家，其在创作过程中给予了游戏好玩的机制和反差幽默的气质。在后来很多场展览展出时，《真人快打》都吸引了大量的观众聚集体验。冯梦波先生是希望通过游戏来传达自己的感受，当《真人快打》真的成了一款由周围朋友扮演成虚拟角色的《真人快打》游戏时，游戏的机制和内容之间的反差张力就不言而喻了。

图 1-16 《梦波贰零壹贰》互动装置
《真人快打》截屏，冯梦波，2011 年。收藏方：今日美术馆。

　　游戏、艺术、文化并不是一组容易理解的概念。很多时候，人们不理解游戏为什么会是一种艺术形式，更不理解为什么会和文化有关系，又或者把游戏等同于"玩耍""娱乐"。正如这一章的标题"理念的根基"，我不希望一提到"游戏艺术"的概念，大家脑海里就闪现出那些风格化的设定稿，或一提到"游戏文化"，就喃喃出武侠小说中的经典人物，又或是什么游戏影响学习、影响视力这样的对抗关系。游戏之美是大美之美，是韵律之美、节奏之美、关系之美。游戏之于文化，是子母一体的连带内容，是互为载体的增益融合。游戏、艺术、文化——正如这一节所描述的一样，它们之间有着广阔的空间，还存在着无限的可能，供创作者遨游与探索。

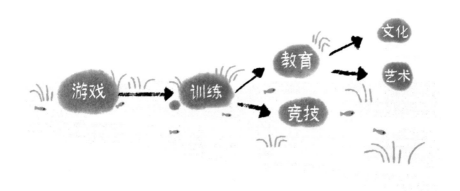

图 1-17　游戏的无限可能

游戏是一块奇妙的宝石，其中凝练了世界和人类的规律。如果把游戏之石丢进一条河里去冲刷，那么最先冲散而去的，可能就是文化与艺术；接下来逐渐褪去的是这块石头的轮廓，也即游戏的训练作用——教育、竞技；而当时光荏苒，石头被磨成了卵石一般时，游戏的本体也就显露出来了，所剩下的游戏本体仿佛只是一个虚无的世界的抽象。

第二章　游戏创作

2.1　为什么是创作游戏

"在我看来，游戏设计在完成之后，可以体现出一个制作者的风格。同样的游戏方案，不同风格的人制作，会产生完全不同的游戏作品。所以，我自称'游戏作家'。"

——宫本茂

2.1.1　游戏设计师

在大多数情况下，游戏研发团队被划分为编程、策划、美术、测试等不同岗位。"游戏设计师"（game designer）一词相对来说关注度较低。尽管看起来游戏设计师和游戏策划岗的工作内容好像很接近，但实际上两者之间并不能简单地画上等号。

那么，什么是游戏设计师？如何划分游戏设计师的工作内容？首先，无论是传统游戏还是电子游戏，在一款游戏的研发流程中，设计相关的工作内容都比比皆是，比如，游戏界面设计、游戏角色设计、游戏数值的设计、游戏的系统设计等。游戏策划岗一般执行游戏研发中与玩法设计相关的工作。相对于游戏策划岗来说，游戏设计师的工作范围会更广泛，更具有结构性。NExT Studios[①]的沈黎先生打了个很好的比喻，他把完整的游戏产品比作蛋糕，而游戏设计师的工作就是这块蛋糕的垂直切片。

在游戏研发团队中，每个游戏设计师，或者说每个项目的游戏设计团队，需要在进入流程化开发之前，完成项目的垂直切片设计。一款游戏的垂直切片应该包括游戏的核心玩法、操作、艺术表达的风格、音乐的风格，以及使用的引擎技术平台等。这听起来非常全面，但实际上只需要完成一个关卡，甚至只需要完成游戏中的一个代表性的体验情景，这就是垂直切片的概念。

换句话说，游戏设计师需要有能力制作出一个完整蛋糕的"试吃"，这一试吃能够最大化地帮助团队预想到完整游戏的样子。游戏设计师所从事的不是某种特定的专门工作，他（她）可能是擅长游戏的内容策划，也有可能擅长计算机编程，或也可能是美术设计师出身，但游戏设计师一定不是某种单一方向的人才，而是典型的复合人才。他会有技能的倾向性，但对于游戏各个环节都要比较了解，这样才好完成切片设计。游戏设计师也需要寻找具有互补倾向的人一起合作，当一群技能倾向互补的设计师融洽地一起工作，这就很可能产出有趣的游戏了。

这里再区别一下游戏设计师与游戏制作人。游戏制作人指的是整个游戏项目的负责人，通常在比较大型的项目组里，会设立这个职位。相较于游戏设计师的工作，游戏制作人的工作更加繁杂。戏制作

---

① NExT Studios 总部位于上海，是腾讯游戏致力于研发创新游戏、3A 游戏等革新性内容的事业部门。

图 2-1　提前预想完整"蛋糕"

人不仅需要管理游戏设计师的工作，把握项目的方向，同时可能还需要参与很多管理和对接工作，以统筹项目的资源并推动各项进程。至于一款游戏是否好玩，是否吸引人，游戏设计师们的工作则是关键。不过，在现实情况中，很多中小团队并没有这么多的岗位设置，在这类团队中，制作人通常就是游戏产品的设计师。

2.1.2　创作态度

明确了游戏设计师的角色，我们来说说与其紧密相关的游戏创作。游戏设计师是游戏创作的操盘人，优秀的游戏设计师通常都有自己总结出来的一套方法论。其中一些方法论，是具有针对性的，聚焦在一些特定类型的游戏或者玩家群体。对于很多"老炮"① 游戏设计师来说，在一两种类型的游戏上深耕，性价比最高，成功率最高。

> 在行业中经常可以看到一些"特定类型"的游戏设计师，之所以这么形容，是由于这些"老炮"设计师都找到了自身的厚积薄发路线，其积累与发展路线非常清晰：
> ✓ 故事型：文字能力→剧情设计→故事撰写→解谜游戏→选择类游戏
> ✓ 创新玩法型：桌面游戏→关卡设计→系统机制的设计→创意玩法类游戏
> ✓ 视觉表现型：绘画能力→动画特效能力→艺术设计探索类游戏
> ✓ 技术型：程序编写→引擎使用→shader 设计→技术突破类游戏
> ✓ 深耕某类游戏玩法：比如只做横版过关，或者只做 RPG，等等。
> ✓ ……

　　这里列举了一些比较典型的游戏设计师成长路径，也侧面说明游戏设计师这个职业的学习周期非常漫长，而且涉及的学科与知识相当广泛。优秀的游戏设计师在成长的过程中会根据自身的长处进行选择发展，这样可以逐步形成自己的核心竞争力，这可能也是宫本茂先生自称"游戏作家"的原因之一。为了更好地参与市场竞争，很多游戏研发公司的设计师团队也会选择这样积累发展。当然，还有很多个性化的设计师成长路径，这里不能一一呈现。

　　游戏设计师可能的职业发展路径可以是很清晰的，与此不同的是，"创作态度"却似是一种"低效"的方法论。创作是指一种开放性、创造性的文艺作品思考与制作的过程，创作态度即一种敢于尝试、勇于试错的研究态度。

---

① 北京俚语，原指年轻时调皮过的老人，后引申为"行业精英""专业人士"之义。

> 创作的过程包括：作者观点的树立，资料的收集、归纳与分析，表现力的设计，创作手段的探究，设计方案的确立，作品草案或游戏垂直切片的形成。

所以，创作态度也是创作者的研究能力、创新设计思维的体现，是需要设计师在思考上付出巨大成本的一种行为操作，与老炮的稳扎稳打形成了对比。制作一款体验非凡的游戏，设计师除了需要对游戏本体有充分的了解，更多的时候需要站在创作的高度上思考，将游戏视为一件作品而非产品，这种创作态度是不可或缺的。好的游戏作品，一定出自于有激情并有创作态度的游戏设计师。行业里不乏一心追逐利益的游戏设计师，这当然也无可厚非。但创作一款好的游戏作品，游戏设计师需要对游戏机制的设定、效果的呈现、情感的表达、技术的研发乃至玩家的行为有整体的把握。7 天做出好游戏，或者其他游戏设计的速成口号，是绝对不现实的。换句话说，想做一款好游戏，不仅要理解游戏本体的方方面面，更重要的是理解创作方法，具备创作态度。游戏的创作方法和设计一套衣服，写一段代码，规划一栋楼，创造一套算法都是相通的，这些内容都不是在直接讨论赚钱，而是在努力创造价值。那么，什么是一款游戏的价值呢？游戏的价值体现在两个方面：

（1）玩家花在游戏上的时间。

（2）玩家投入在游戏中的情感。

玩家的时间与情感的投入反映了一款游戏是不是好玩。例如：玩家在游戏中充值购买道具，本质上是在购买游戏时间；玩家不断精进自己的技能只为战胜对方，其实是为了胜利的感受；又或者某款游戏的新一代产品上市时，玩家在还没有试玩的情况下，就果断买入，其实是受到之前对这个游戏系列投入的情感的驱使。游戏的价值应该是游戏设计师的核心追求。退一步讲，即使考虑一款游戏能否赚钱，这也仍取决于这款游戏能否打动玩家投入时间与情感。

不过，从另一方面看，有些研发商只是把游戏看作生意。好比两瓶差不多的矿泉水，如果我告诉用户说其中一瓶"有点甜"，那么用户的选购想法大多会受到这种与产品功能无关的原因的左右。同理，游戏的创作态度是纯粹地关于游戏本体的方法论，不涉及一款游戏的运营与推广，所以这种创作理论并不能百分之百地适用于商业化的游戏产品。公司中的一款商业化游戏产品，需要面向大量的用户群体，完成营收指标，其本身带有明确的商品属性，那么针对游戏的运营推广自然就格外重要了。在行业的特殊阶段，短周期内也存在着不够优秀但非常赚钱的产品，面对这样的现象，我们要从多维度理解。商业游戏要利用好游戏本体的各种规律，同样重要的是，要将游戏本体与市场投放规律相结合，寻找它的用户群体，保证产品的有趣和流畅，保证运维的持续有效，让用户接受这个产品，并最终为它付费。这其实和创作游戏本体是不同的阶段。所以，

不要从一款游戏的经济效益逆推其是否为优秀的创作。

创作态度理论对于商业游戏的制作设计不一定完全适用。

游戏设计师一定要关注玩家投入在自己制作的游戏中的时间与情感。

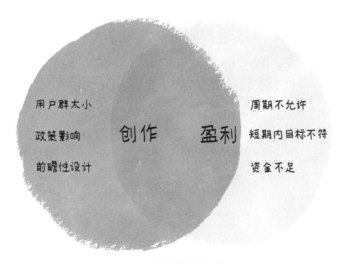

图 2-2　游戏创作的两种态度

　　制作一款成功的商业游戏当然也可说是一项不易的工程，从故事编写、数值策划、交互体验，到用户反馈、运营与产品策略的制定，以及产品上线后的运维工作，整体流程非常复杂，并且时刻处于快速的发展变化中。虽然赚钱的游戏有一些不一定是优秀的创作，但能够赚钱的游戏与优秀的创作之间也存在很大的融合，游戏本体必须要具备可运营的基础品质。所以，这两者之间并没有本质上的相悖，只是存在面向不同诉求而产生的范畴的偏移。如果能够把游戏创作的过程，作为商业项目前期的孵化流程，会极大地提高产品的创新力，这也是为什么要强调游戏创作。

以《画中世界》为例 谈谈创作的态度

很多精彩的文艺作品，包括游戏作品，都是从创作的态度得来的。2018 年，在筹备首届功能与艺术游戏大展时[①]，有一件游戏作品让我非常感动，那就是《画中世界》[②]。

《画中世界》的游戏机制非常独特，正如游戏名称所提示的，这是一款基于"画框"的解谜游戏。这款游戏讲述了一个男孩寻求与神圣之物（Gorogoa）相遇的故事，探索灵性和宗教主题。这款游戏在2012 年公布第一版小样（demo）时，就曾获 IndieCade 最佳视觉艺术奖，2014 年又获得 IGF 视觉艺术奖，2017 年正式发布后又获得了GDC 最佳移动游戏奖、最佳创新奖以及 BAFTA 最佳首发游戏奖。

《画中世界》的创作者杰森·罗伯茨（Jason Roberts）在创作这个作品时有一个非常简单的"源点"——对"神秘"的感受。

这款游戏的英文名称"Gorogoa"实际上是一个不存在的词语，它不具备确切的含义。之所以使用它作为名字，是因为这个词语的发音听起来像低沉的耳语，仿佛某种神秘之物在呢喃。罗伯茨将其描述为"大地深处涌动的庞大生物，逐渐靠近的沉闷雷声，巨兽的低吼，或是猫科动物的咕噜声……"，他认为这种简练有力的质感使之非常适合用在他的故事中。

---

① 2018 年 9 月 8 日，"重识游戏——首届功能与艺术游戏大展"，在中央美术学院美术馆举办。

② 《画中世界》（*Gorogoa*），是一款移动终端游戏，可以在苹果应用商店及各类安卓应用市场下载到这款游戏。

图 2-3 《画中世界》游戏海报

在罗伯茨看来，"Gorogoa"不仅是一个词语，更是一种感官上的直觉印象，它似乎超越了语言的边界，成为一种比语言更原始的存在。因此，用它来形容一种处于人类语言体系之外的事物，再合适不过了。"Gorogoa"与这款游戏的主题——对古老、神秘、超验的事物的探寻——完美契合。

在每一次的创作中，寻找"源点"是必不可少的环节。《画中世界》确认"神秘感"这个源点并不是一蹴而就的，制作人罗伯茨就是伴随着神秘感长大的，也可以说，他从小就有发现神秘感的眼睛。在与罗伯茨的交流中，他多次提及一些影响他创作思考的游戏，下面记录了一份不完整清单——"不完整清单"的说法来自谦逊的罗伯茨本人。

《迷宫》

创作者__克里斯托弗·曼森（Christopher Manson）

《迷宫》（*Maze*）是一本有点历史的解谜书，在欧美文化中有相当的知名度，游戏难度堪称地狱级，很多粉丝亲切地称呼书的作者为"恶魔"。书中的内容由一个个房间组成，每个房间可以通向几个不同的新房间，可以进入的房间由数字号码标注出来，没有标注的房间的房门就是锁着的。玩家的目标是由起始房间出发，走到中间的房间后（45号房）再返回起点，整个过程要尽可能用最少的步骤（上限16步）完成游戏。

这本解谜书的视觉风格采用了木刻画的方式，其中充满令人惊叹的古老的气息，就像一本古代文献。书中的迷宫仿佛梦境，像一个空间和时间被折叠成超现实形状的地方，房间混合了来自不同地区和时代的风格，很多离奇的道具静置在房间中等待玩家发现。《迷宫》游戏的这些特质最终都融汇到了《画中世界》里。

图 2-4 《迷宫》书中画面

罗伯茨认为《迷宫》这本书对他影响深远："《迷宫》是在感性方面对我作为一名设计师产生最深远影响的因素之一。于我而言，它永远是一本如此神秘的书。就说一点吧，我至今未能解开它的最终难题！我很珍惜这个谜题，我想将这种神秘铭刻进我自己工作的核心。"其实，罗伯茨并不是唯一的未解开《迷宫》谜题的玩家，关于《迷宫》，有一个玩家群体互帮互助过程中形成的网站，这个游戏确实是需要集体智慧才能推进下去的。罗伯茨由于非常珍视谜题留给他的神秘感，所以一直保留着由自己通过个人努力去解开它的机会。

《傻瓜的差事》

制作人__克利夫·约翰逊（Cliff Johnson）

图 2-5 游戏中的拼图谜题

　　《傻瓜的差事》（*The Fool's Errand*）是 1987 年发布的一款电子游戏，它是一个设定在神秘的、寓言式的塔罗牌主题世界中的谜题阵列。真正令人钦佩的是它的游戏结构，每个小谜题的解决方案在游戏的最终融合成一个复杂的拼图。这款游戏有着非常独特的交互玩法，最终会带给玩家大彻大悟的爽快感。玩家前期需要做很多努力，而最终解开章节拼图则释放了玩家积攒的情绪。同时，游戏中具有早期元游戏的因素。《电脑游戏世界》（*Computer Gaming World*）评论这款游戏："与其说玩家在破解谜题，倒不如说，玩家更像是在直接与游戏的作者交流、对抗。"

　　罗伯茨提及很多影响其游戏玩法或整体结构的例子,《迷宫》《傻瓜的差事》这两个比较有代表性。从他对这两个游戏玩法的参考中,我们能清晰地感受到他作为游戏创作者对于特定类型的解谜游戏的积淀。对于非解谜游戏的玩家来说,其实这两款游戏的解谜方式都很独特,也都很有难度,整体氛围都很神秘,甚至有些超现实感。罗伯茨描述这个游戏"就像塔罗牌一样,充满了诱人的象征意义,暗示着更深层次的含义。整个体验充满了一种平衡于异想与不祥之间的独特基调"。通过追寻《画中世界》的创作"源点",我们会发现,罗伯茨在取得《画中世界》的成就之前,就对神秘感及超现实感情有独钟,也是不折不扣的深耕解谜游戏的核心玩家。

　　基于"对神秘事物的探寻"的极大兴趣,罗伯茨开始思考与之相适应的故事与机制。在故事方面,《画中世界》这款游戏讲述了一个男孩终其一生追寻各种隐形的图案,找寻它们背后的意义,探寻隐匿在这个世界中的可能通往另一个世界的神秘联系,直到他成为一个老人,回望自己的记忆与经验的碎片,试图在它们之间建立起联系。在机制方面,作者利用了一种拼图式的巧思,通过放大、拖动,将原本不属于同一个世界的多个画面在局部上相连起来,从而使主角能够在这些不同的空间、时间之间穿梭。非常值得一提的是,《画中世界》这款游戏的所有工作都由罗伯茨一人完成,这是一款彻头彻尾的独立游戏。罗伯茨自身早期的"技能点"主要是在程序开发方面,他的本职工作是关于信息视觉化的一些研发内容,在绘画这个领域,严格来说他算个"门外汉"。但有趣的是,人们对于自己感兴趣的事物的追求,可能产生令人非常惊讶的成就,罗伯茨的手稿让我感到非常震撼。

图 2-6　杰森·罗伯茨《画中世界》游戏的设计手稿

　　针对游戏插画、动画以及交互设计的内容，我问制作人，是否考虑过找个更专业的人一起帮忙制作，他想了想说"好像没有"。罗伯茨对视觉方面的制作很笃定，从筹备这款游戏开始，他就已经默认要去练习一些类似的绘画风格。游戏研发没有任何时间上限，也是他可以自己去练习绘画的前提条件。这款游戏整体的研发过程持续了近 7 年，毋庸置疑，杰森·罗伯茨很好地诠释了什么叫创作态度。

戴维·罗伯茨的画作

图 2-7　戴维·罗伯茨的画作

　　戴维·罗伯茨（David Roberts）是一位 19 世纪的画家，以制作浪漫、柔边效果的建筑闻名，尤其喜爱描绘埃及、巴勒斯坦地区的风蚀城堡和被毁坏的寺庙残垣。

　　"当我还是个孩子的时候，我的家中有几本戴维·罗伯茨的大画册，我时常沉醉于这个一半被埋于沙中的遥远景象。他的风格坚实又精确，感伤而梦幻。"杰森·罗伯茨说道。

《哈里斯·伯迪克的奥秘》

创作者__克里斯·范·奥尔斯伯格（Chris Van Allsburg）

图 2-8 《哈里斯·伯迪克的奥秘》书中画面（一）

图 2-9 《哈里斯·伯迪克的奥秘》书中画面（二）

　　"我更年轻的时候遇到了一本书——《哈里斯·伯迪克的奥秘》（*The Mysteries of Harris Burdick*），书中包含了一系列令人回味的图像，它们每一个都暗示着一个故事。但是，书本却会告诉你这些故事的真实含义已经失传，需要读者根据它们来创造新的故事。这本书对于我来说是一个早期的启蒙课，单个图像的力量远不止于它本身限定的框架，单个图像更像一个窗口，其中潜藏着更强大、更奇异的事物。"

《古堡迷踪》

制作人__上田文人

图 2-10 《古堡迷踪》游戏画面

《古堡迷踪》(ICO) 是游戏行业发展长河中里程碑式的作品，影响过无数游戏制作人。《画中世界》和《古堡迷踪》在视觉上的相似性是显而易见的。除了视觉方面的影响，这个游戏还给《画中世界》带来了很深层的影响。

罗伯茨还谈到《古堡迷踪》："我喜欢它将空旷的空间和静谧的气氛安排得如此舒适得当，我喜欢这个故事温柔而自信的神秘感。"

可以发现，杰森·罗伯茨的这份清单中提及的这些作品具有明显的共通性。《古堡迷踪》与戴维·罗伯茨的画作一样，也描绘了破旧的石头上的朦胧阳光，并且有着巨大的、折叠的、秘密的迷宫建筑。

除此之外，杰森·罗伯茨还列举了克瑞斯·威尔（Chris Ware）、古斯塔夫·多雷（Gustave Doré）、陈志勇（Shaun Tan）等对他产生过影响的艺术家。这些人的作品无一例外，都与精巧的设计、复杂的结构以及神秘的故事紧密相关。从这份清单中，我们能够看出，制作人自始至终都在寻找他内心的表达内核，所有的清单资料都在指向同一个目标。可以说，制作人的思路已经超越了创作思维、创作态度，体现为一种忘我的匠人精神。

图 2-11 《画中世界》创作概念图

熟悉《画中世界》这款游戏的玩法的读者朋友们应该都知道，这款游戏的系统机制的框架并不复杂（这里不是指具体的谜题，游戏中的单个谜题难度很大，只是整体来说游戏的架构比较单纯）。这款游戏的框架虽然简单，但从罗伯茨产生这个想法到最终游戏发售，大概耗时六七年。在这个过程中，罗伯茨在美国游戏开发者大会（GDC）[①] 正式公布过一次游戏的初版，而且初版发布时他已经被各种奖杯淹没，他的这款游戏受到了很高的期待。为什么一个并不复杂的机制框架需要开发六七年呢？在 GDC 发布了初版之后，他并没有急于把这么受欢迎的游戏马上研发完，相反，他还自找了不少阻力，这些阻力主要是他自己创作过程中的内源阻力。他对游戏的样子、游戏的玩法反复调整多次，整个游戏进行了多次改头换面。罗伯茨开玩笑说，整个研发过程中他疯狂地创作，好似开发了不只一款游戏。

三种类型的创作者

我们可以区分出三种典型的创作者类型：疯狂型、老炮型、迷茫型。这三种类型的创作者寻找和表达源点的过程迥异，我把这个过程分为三个阶段来进行分析，我们会发现这三种类型之间的区别。

疯狂型的创作者，其自身感受极其敏锐，对世界充满好奇，在寻找源点的阶段非常活跃。疯狂型的创作者在这个过程中虽然有些缺乏创作锚点，但同时其天马行空的想法也不停地涌现。在源点诞生的过程中，疯狂型的创作者通常并不顺利，会有多个想法出现，创作者的抉择会受到主观因素的影响而产生摇摆。有趣的是，疯狂型的创作者在想法确定后的制作阶段，也会非常乐于创新、试错。如果一个创作者在举棋不定的创作抉择中，经常说"试

---

① 游戏开发者大会（Game Developer Conference，GDC）创办于 1988 年，发展至今包括了演讲、论坛、展会、赛事等模块，每年吸引数万游戏制作者参与，是全球最受瞩目的专业游戏活动之一。

试看"，那他大概就属于疯狂型的创作者；或者一个团队，设定了疯狂的淘汰机制，在机制的推动下，任何他们稍有不满的内容都会被淘汰，那么，这类创作团队也可以被归类为疯狂型的创作者。

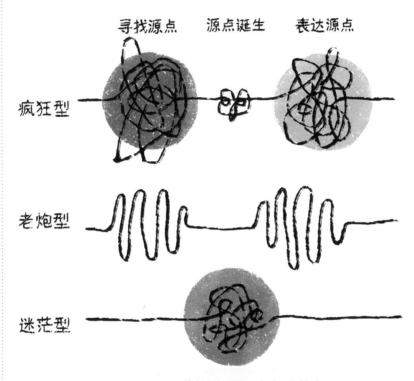

图 2-12　不同类型的创作者寻找和表达源点的过程

老炮型的创作者在创作过程中有大量的研究与积累，同时研发过程的推进又井然有序、按部就班、不骄不躁，相对来说，是充满理性与耐心的创作者的代表。这类创作者的源点通常诞生得比较顺利，他们很早就有了明确的方向，会基于这个方向去做前期积累以及后期制作方案的设计。大型游戏研发团队应用这类创作方法可以有效控制成本。

相比之下，迷茫型的创作者，在寻找源点与表达源点两个阶段非常缺乏耐心，投入不足。这类创作者倾向于认为，主要的研发力量应该集中投入在最关键的源点诞生环节，对于参考"成功"案例、听取"成功"制作人的意见乐此不疲。而这种从结果逆向推演创作的思路，看似好像节省了前期的时间，但最终效果往往并不乐观。由于缺乏前期制定的创作目标，在源点诞生时会出现很多举棋不定的决策，反而导致了方向上的迷茫。

　　游戏创作需要创作的态度，不把打造一件商品当作游戏设计的首要出发点，也不为设计过程规定明确的进程或时限，创作者的首要任务是找到创作的"源点"，并对"源点"进行表达。从前面的介绍中我们可以看出，在寻找源点和表达源点阶段，罗伯茨大体上属于第二种类型的创作者。在寻找源点阶段，其目标比较明确，井然有序地积累相关游戏的玩法、设定及故事资料。其灵感诞生得比较顺利，并牢牢锁定自己的感受——神秘感，对于"源点"体现了超敏感的嗅觉。不过，在"源点"的表达过程中，由于罗伯茨是第一次做游戏，经验不足，加之游戏中所有的工作基本都是由罗伯茨一人完成的，所以他的制作过程难免存在大量的试错，他甚至选择自己练习绘画来进行源点表达。所以，也可以说，他在游戏创作的前半个过程中属于老炮型创作者，而在后半个过程中，他则是疯狂了一番。《画中世界》是款特殊的作品，受很多因素影响；其创作过程"拖延"了作品整体的研发进程，但如果没有这些创作因素，这件作品必将索然无味。

　　关于这款游戏的创作源点与它想传达的感受，我和团队在2018年对罗伯茨进行了一次访谈：

对杰森·罗伯茨的访谈 ①

（杰森·罗伯茨，以下简称 J；大展编辑，以下简称 D）

D：你曾提到"Gorogoa"是你在童年时期为一只自己幻想中的怪物取的名字，你早年还曾尝试制作互动漫画，并将里面的一座监狱命名为"Gorogoa"，请问"Gorogoa"一词对你而言究竟意味着什么？你儿时幻想中和你早期漫画中的"Gorogoa"和这款游戏中的"Gorogoa"之间有何联系？

J："Gorogoa"本就是一个不具备确切含义的名字，它之所以令我着迷，是因为这个词语的发音就像低沉的耳语，它包含种种意味：大地深处涌动的庞大生物，逐渐靠近的沉闷雷声，巨兽的低吼，或是猫科动物的咕噜声……它的音节仿佛有重量，有深度，有某种隐藏在视界之外的东西。这份简练有力的质感使它非常适合用作我的故事中的生物名或地名。由于"Gorogoa"不仅是一个词语，更是一份感官上的直觉印象，它似乎超越了语言的边界，成为一种比语言更原始的存在。因此，用它来形容一种处于人类语言体系外的事物，是再合适不过的了。因而它与《画中世界》这款游戏的主题——对古老、神秘、超验的事物的探寻——也完美契合。

D：《画中世界》这款游戏的叙事非常隐晦，每个玩家对故事都有不同的理解，你能否就此更深入地谈一谈游戏中的世界观②，以及你作为创作者希望向受众传达的观点？

J：这款游戏讲述的是，一个人终其一生追寻各种隐形的图案，找寻它

---

① 内容来源于 2018 年"重识游戏——首届功能与艺术游戏大展"的资料。

② 在游戏界，"世界观"一词通常指的是，游戏设计师创造出的这个游戏世界的相关设定，回答了"这是一个怎样的世界？这个游戏内的世界是怎么一步步演变成当前这样的？"等问题。

们背后的意义，探寻隐匿在这个世界之中的可能通往另一个世界的神秘联系。在游戏开始时出现的生物就是"Gorogoa"，它代表着所有来自异界的陌生力量的集合。它可以被认为是一种神灵，或是人类痴迷的象征。

这个故事关于一个人和一种强大的精神力量（无论这力量是真实的还是想象的）之间的契约，一个在童年时期开始但直到生命尽头才完成的契约。为了这个契约而奉献，而追逐，这对于一个眼里只看到五彩缤纷的符号的孩子来说，是一件纯粹的事；但对于一个必须用他的生活去实现这些象征的成年人来说，这意味着太多其他的东西。

在游戏结束时，我们看到一位老人回首昔日，拖着记忆与经验的碎片，试图在它们之间建立起联系。所以，它也是一个关于记忆的故事，如果在世界上寻找隐秘意义的努力沦为尝试，我们只能构建出我们自己的意义。

图 2-13 《画中世界》的主人公跟随雕像的指示寻找圣果

D：这款游戏中有诸多富含宗教意味的行为，比如供奉、摇铃、朝圣等，它的主题是否与宗教有关？为什么？

J：这个游戏的世界包含多种文化与宗教，主角踏上的这段旅程，以及他的动机，都带有宗教意味，但他并不能够在既定的传统中获得其所需。我们看到他尝试了多种不同宗教的仪式，希望这一切能够使他更接近"Gorogoa"，他想从这些尝试中编织出自己的道路。

D：听说你曾尝试将这款游戏做成纸牌游戏，但后来因为机制过于复杂而放弃了它，我们很好奇你是否还留有最初尝试做卡牌游戏时候的一些资料呢？卡牌游戏版的"Gorogoa"是怎样的一种构思？那时候的想法和最后用电子游戏形式做出来的，是同一个游戏、同样的主题与故事吗？

J：我也希望我能展示一些与卡牌游戏概念有关的东西，但事实上，我从未真正做出任何东西。我在脑海中做了许多的设想，然后就没有后续了。一方面，我意识到我根本不知道如何做纸牌游戏；另一方面，我也意识到我对复杂的规则说明和策略并不感兴趣。

至于游戏的故事，则是在游戏的机制确认之后很久才逐渐成形的。我一直相信我所选择的媒介和互动方式——这种移动、连接故事书面板的方式——会自然地带出某些特定的主题，并在玩家和故事之间建立起联系。从某种意义上说，是我所选择的媒介带我找到了我想要的故事。

D：最后一个问题，你提到过你的灵感来自一本互动漫画书《迷宫》，你可以谈谈与这种互动漫画书以及前面说的纸牌游戏相比，电子游戏这种形式的特点与优势是什么吗？

J：《迷宫》对我来说永远是如此神秘的一本书。就说一点吧，我至今未能解开它的最终难题！我很珍惜这个谜题，我想将这种神秘铭刻进我自己工作的核心。尽管除了翻页它没有任何可活动的部件，但它同样是一个解谜游戏，就像我这款游戏的兄弟似的。如果我能把我的这款游戏做成一本书，我会做的，但它在物理上不具有可能性。而正是这种不可能使它变得神奇，它需要一种媒介，在这种媒介中图像和物体可以在你眼前改变形状。最终做出来的电子游戏尽管模仿了纸张的形式，但却完成了纸张永远做不到的事情。电子游戏和书本一样可指向纸质的物件，但却延伸出了全新的维度。

从对罗伯茨的访谈中，我们能更确切地发现，他对于"神秘"的感受，不是一蹴而就的。这种感受在他很小的时候就得到了滋养，在经过漫长的酝酿后，通过游戏这个媒介最终表达了出来。在这个过程中，罗伯茨对于"神秘"这个源点的浓厚兴趣不断被激发，从而推动了创作进程。

2.2　找到"源点"

孩子的语言

艺术家徐冰讲过一个有趣的故事。有一次她的女儿指着一棵树，问他这棵树具体的名字，徐冰先生回答不上来，于是坦诚地说："爸

图 2-14　徐冰《析世鉴——天书》

爸不知道，得去书上查查。"女儿的回答却是："书上除了文字，什么都没有。"很多人可能会觉得这句话再平常不过了，但这句话却触动了徐冰先生。他觉得女儿的话非常真实有力，像是一种绝对的"真理"。

徐冰在 1987—1991 年间创作的作品《析世鉴——天书》（简称"天书"），以汉字的结构与形制为型将拉丁字母重新组合，创造了四千多个"伪汉字"，并用活字印刷的方式按宋版书制作成册。这些内容看似严肃、庄重，其实并不具可读性。徐冰称："《天书》表达了我对现存文字的遗憾。"我们能够感受到徐冰先生的作品与其女儿的表达之间的辉映。倒不是说徐冰的作品的创作源点来自他女儿的话，但毫无疑问，徐冰先生对他女儿这句话的感受是超于常人的。这种感受由于他创作时的思考方式而被触发，来自于他作为创作者的敏感，也许这其中也受到他所经历过的学院派"专业训练"的影响。不管怎样，这就是创作者发现"源点"的能力。

瞬间的影像

阿兰·德波顿在《艺术的疗效》里提到，图像的一个重要作用就是记录。是的，我们每个人都会有自己非常难忘的图像，成为我们一生的记忆。

我在高中住校期间有一位关系非常要好的室友，由于起居都在一起，他成了我练习速写的重点题材，所以我对他的穿着、动作、体态都很熟悉。有一次，天色很晚了，我走在返回寝室的一条狭长的小路上，对面一辆车忽然开起远光灯，光线刺穿一个人的身体，把他长长的影子洒在地上晃来晃去。由于光线太强烈，我的眼睛立刻就闭上了，这一瞬间我几乎什么都没看到，但我还是认出了这个踱步而来的人，就是我那位要好的同学。那一瞬间我感觉挺奇妙的。关于这个影像，应该说，我什么细节都没有记住，但图像带来的朦胧的感受却在我的脑海中烙印下来，我就又好像把一切都记了下来，这种体验让我非常难忘。这成了我记忆中最深刻的影像瞬间之一。我接下来都将这种综合维度的认知记忆称为感受。

由感受获得源点

源点，可以是一句话、一段影像、一个故事、一个算法、一段感情、一种社会关系，甚至可以是未知的宇宙原理。源点可以是这个世界上的任何一种存在，好似一种特殊的感受。这个感受不是模糊的，它真真切切地存在，它可能随时出现在你的面前。

这里我们做个小测试，以下是三个乐队的名字：

枪炮与玫瑰（Guns N' Roses）

石头玫瑰（The Stone Roses）

二手玫瑰（Second Hand Roses）

如果你刚巧没听说过这三个乐队的名字，我想请你依据自己的感受猜测一下，这三支乐队分别来自哪个国家？当你知道了正确答案后，你会不会觉得每个乐队的名字都非常自洽？如果你再搜索一下他们的音乐，感受一下他们的曲风，你可能愈发觉得，每个乐队带给你的感受都是独立的，每个乐队都有自己明确的风格。那么，这是一种巧合吗？并不是。"感受"是一种媒介的共通，是人类认知社会过程中保留下来的共通性，可以说是一种"神秘"的语言。很多不到三岁的小孩子，他们在语言能力尚未发展完善的时候，就已经有了非常强的感受能力。他们可以看出父母的情绪，可以感受到陌生人带有的气场，可以体会音乐带来的变化。

> 19世纪统计力学的奠基学者之一玻尔兹曼曾经说过：
>
> "音乐家在听到几个音节后，便能辨认出莫扎特、贝多芬或舒伯特的音乐。同样，数学家或物理学家也能在读了数页文字后辨认出柯西、高斯、雅可比、亥姆霍兹或基尔霍夫的工作。"[1]

这些优秀的乐队成员也都是敏感的创作者，乐队的名字则源于乐队成员的敏锐感受。原初的敏锐感受在经过了创作者主观意识的过滤之后，成了他们对于世界的感受。这个感受不是巧合，是真实存在的东西，只是需要创作者认真观察、体会，并运用它们。

找到"源点"是值得每个游戏人或者说每个创作者在开始工作之前长久思考的问题。寻找源点是一种能力，一种才华，也同样是需要训练的。其实换个角度来说，对于每一个创作者而言，大家要表达的东西都是长久思考而得到的感受。我鼓励创作者以这样的"姿势"进入关于游戏创作的思考中，这保证不了创作出来的游戏大受欢迎或热卖，但这样一种思考方式能够唤醒创造力，也能够保持创作者对待世界的敏锐度，从而有机会创造出真正打动人的作品。只有当你觉得世界有趣的时候，别人才可能觉得你的作品有趣。

---

[1]　Broda, E. (1995). *Ludwig Boltzmann: Man, Physicist, Philosopher.* Woodbridge: Ox Bow Press.

以《光·遇》为例谈谈"源点"

在 2018 年功能与艺术游戏展览中，游戏《光·遇》就找到了一个非常有趣的哲学源点去表达。

《光·遇》由游戏制作人陈星汉主创，Thatgamecompany 开发，2017 年在苹果秋季新品发布会上首次亮相，2019 年在苹果应用商店正式发布。游戏讲述了一座失落的云中王国的故事，玩家扮演"光之后裔"，为了将光明重新带回这个世界，与同伴们携手同行，在天空王国中找寻烛火，重拾先祖的记忆，并在这个过程中逐渐成长。

《光·遇》的制作人陈星汉先生我们非常熟悉，他的作品《风之旅人》给无数玩家创造了美好的体验。陈星汉认为，人与人的相遇都是宇宙中的一个奇迹，可是平日里人们却感受不到，于是他决定在游戏中营造这种感觉——"爱和给予"。他曾说："《光·遇》是一件礼物。这件礼物并非是由我们送给游戏爱好者的，而是由游戏爱好者送给那些他们关注和心爱的人的。"

"爱和给予"这个感受通过游戏机制来表现并不容易，制作人需要玩家的"配合"。游戏中设定好的机制，必须由玩家主动踏进来，才会创造出玩家之间互相遇见、给予的感受。虽然这个"源点"难以表达，但一旦这个设想通过游戏机制传导出来，也将非常有力量。

创作团队在最初开展游戏设计时，希望能从机制设计、剧情设计等方面来引导玩家的行为并触动玩家的情感：玩家进入游戏之初，所有的角色都是小黑人，人们需要用蜡烛照亮彼此，才能看到对方的模样；在成为了朋友后，也只能通过牵手、拥抱等简单的动作来进行交

图 2-15 《光·遇》早期海报设计

互；只有两人的亲密度达到很高的程度以后，玩家才能无约束地对话。这种设计很大程度上保证了人与人之间的交互只能是一种正向的反馈，而在无言却又默契的同行过程中，玩家会更能感受到这种陪伴的珍贵。

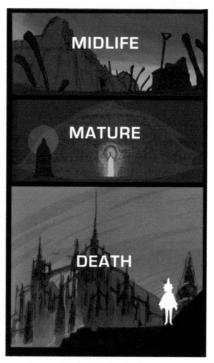

图 2-16 《光·遇》游戏中七个地图的设定

　　游戏中的七个地图"晨岛、云野、雨林、霞谷、墓土、禁阁、暴风眼"，分别代表了人一生中的不同阶段——出生、童年、青春期、壮年、中年、老年与死亡，在一天的维度上又正好代表了清晨、白天、黄昏、永夜等不同时间。

　　在游戏过程中，玩家将经历懵懂的探索、勇敢的成长、艰难的考验与智慧的积累；当光之后裔历经艰险来到旅程的最后一站——暴风山脉，他们面对的却是无法逃避的死亡。在最初的设计中，由于风力太过强劲且又变幻莫测，光之后裔们变得十分脆弱，他们不得不献祭出自己所有的心火给他们之中最强的同伴，并随后死去，只有这一名获得了所有人贡献出的力量的光之后裔能够穿越这片黑暗，最终与国王的灵魂见面。人类的演化使我们每个人都可以通过帮助他人而获得愉悦，但这个愉悦并不那么容易被发现。游戏中这个机制的设计是希望能激发出人性中至善的一面，引导玩家释放潜藏在身体里的"爱和给予"。

图 2-17 《光·遇》前期手稿

图 2-18

图 2-19

图 2-20

图 2-18 至 2-22 《光·遇》游戏的概念设计手稿

2.3 如何开启有趣的游戏设计

2.3.1 把"源点"转化为游戏

寻找源点是所有创作形式都需要的环节，并不专属于游戏。所以，还要有一个把源点转化为游戏的过程，这是一个具有挑战性而且非常有趣的过程。在将源点转化为游戏的过程中，创作者需要思考：什么样的游戏适合自己的源点？什么样的玩法、美学、音乐能够充分地传达创作者的意图？

现有的游戏分类

在这个转化过程中，比较易用的一个路径，就是以现有的游戏分类为参照，看看自己的创作"源点"适合哪个分类，从而进行第一步的转化。假如创作者的源点是"残酷的战争"，那么一款射击游戏可能就很适合；如果创作者希望还原"青春校园体验"，那么一款养成类型的游戏或者剧情类型的游戏可能能够更好地呈现源点。游戏可以分为很多种，比如角色扮演（RPG）、即时策略（RTS）、第一人称射击（FPS）、动作冒险（AVG）等。这种分类主要是从游戏的系统机制出发的，属于针对游戏系统机制的概念封装体，不仅可以快速锁定游戏的类型，同时也便于从业人员交流。但如果从创作的角度来评判的话，严格遵从已有的游戏类型去进行由源点到游戏的转化，是很容易被限制想象力的。还是以"残酷的战争"为例，来自波兰的一个游戏团队研发的作品《这是我的战争》将这个主题源点转化为了一款横屏视角的经营类游戏。游戏中基本没有打打杀杀的激烈场面，却丝毫没有影响玩家感受战争的残酷。《这是我的战争》自 2014 年推出以来，全球销量 450 万份，不仅好评如潮，还被正式列为波兰教育部电子教材。一款游戏包含很多因素，仅仅从系统机制这个单一维度考虑创作源点的转化是不充分的。

凯卢瓦的游戏分类法

那么，有没有更全面的分类办法，方便创作者进行源点转化呢？在凯卢瓦的著作中，他把所有的游戏分成了四个类别：

竞争类（agon）

概率类（alea）

模拟类（micicry）

视角变化、寻求平衡类（ilinx）

在这四种分类中，作者的考量锚点不局限在系统机制上了。与动作冒险、即时策略的分类方法不同，模拟类、视角变化类的概念在其定义中已经把世界观因素、视觉因素一起封装了进来。作者接下来又把这四类归纳为了内涵更广泛的两个大类别：

基于规则的（ludus）：通常是关于精进某项技巧的游戏形式，比如围棋、篮球。

自由玩乐的（paidia）：通常指满足幻想或比较直观的快乐，比如星际战争、过家家。

这种封装方式就非常高效了，简单明了而且具有普适性。我们可以理解这其实并不是通常的关于类型的定义，而是把游戏分为了两个大的方向。第一个方向，我们可以把它理解为指向那些更加偏向游戏本体的内容；第二个方向可以理解为游戏中包含的一切围绕着游戏本体但并非游戏本体的元素。正如第一章中提到的，人们参与游戏时，一方面算力、反应速度等得到了反复的锻炼，这些技能的学习与锻炼所产生的胺多酚是玩家的内核动力；而另一方面，在游戏进行过程中，玩家接收到很多信息，如故事、道理、情感体验。这两个方面既有分别又有融合，我把它们归纳为技能挑战与信息表达。

2.5.2　技能挑战与信息表达

技能挑战：指玩家在参与游戏的过程中，会不断精进某项技能。比如，计算机游戏普遍会需要玩家的手眼脑的配合能力，围棋会不断地挑战人脑多维度的算力，等等。

信息表达：指玩家在参与游戏的过程中，会接收到新的信息。比如游戏剧情、世界观，以及玩家受到的审美影响、情感变化等。

那么，是否可以参考这个分类去开展从"源点"到游戏设计的转化呢？我在教学的时候会把一些比较知名的、有代表性的游戏海报打印出来，然后让学生们从"技能挑战"与"信息表达"两个维度去拆分一款游戏，分析其中技能挑战与信息表达所占的比例，并将其粘贴到坐标图上。学生们会一起讨论，有的时候大家的决策反复变化，讨论偶尔也会升级，变得有一些激烈。比如，针对围棋的争论就一直存在，有的同学认为围棋没有表达任何信息，也有同学认为围棋表达了很深奥的信息。图 2-23 是我某届学生共同协商的结果，围棋被放到了最右上角——技能挑战和信息表达的极致位置。为了表达对围棋的无限崇尚，同学们把围棋的图片已经贴到了黑板外面。

图 2-23　技能挑战与信息表达坐标图

基本上每年我们都会让工作室的学生在课上一起完成这个坐标图。在这个过程中，学生们会用"技能挑战"与"信息表达"两个因素来分析他们玩过的游戏。这不仅可以帮助他们快速理解游戏的两个方向，同时还能发现彼此之间观点的差异，或收获几个志同道合的好朋友。更有趣的是，从得出的结果可以看出，技能挑战和信息表达兼顾的游戏难得一见，大部分游戏都是分布在贴近坐标轴的区域。能够傲立于坐标轴右上角的游戏，多为经典不衰的大师级作品，凤毛麟角。读者也不妨看看上图中的结果是否和自己的想法一致。

2.3.3　为什么是技能挑战

当我们疯狂地着迷一款游戏时，我们实际上的操作行为是什么样子的？大家都知道《超级马里奥》(《超级玛丽》)是一款很受欢迎的游戏，试想我们请一名玩家来现场表演玩游戏时的情形：我们看不到游戏画面，听不到游戏的声音，但可以清晰地看到玩家的行为就是不断地按手柄上的按钮。请大家设想一下。这可能是你看过的最无聊的行为之一，没有人能坐在一个地方好几个小时，除了按按手柄，其他什么都不做。但偏偏现实中，我们很多电子游戏的玩家一坐下就是几个小时，伴随着音画效果的辅助，在那里享受这个"无聊"的过程。

玩家之所以会选择长时间坐在那里，当然是因为这件事情有趣，并且吸引了他。这其中音视频起到了很大的信息说明作用，但是更关键的原因是，《超级马里奥》游戏的核心挑战设计得非常有趣。如果摒弃所有的画面、声音以及华丽的装饰物，我们会发现，在《超级马里奥》中玩家反复执行的操作只有"跑"和"跳"，这就是游戏的核心挑战。玩家要面对的所有挑战本质上都是什么时候跑，什么时候跳，跑多快，跳多远。

如果仅仅是一个跑和跳的问题，那么一款精品游戏的制作有什么难度呢？《超级马里奥》这款游戏由于非常知名，所以难免有很多模仿者。在这些山寨的游戏中，不乏有抄袭的质量非常不错的，从故事到角色到关卡设计都一模一样。可是当玩家真的上手体验游戏时，面对着"一模一样"的游戏，总是觉得哪里有点不对。我想，体验过这些山寨版游戏的玩家，可能都会有同感。这其中，关键的原因就是，优秀的游戏研发商都会在核心挑战的操控体验上投入大量的时间与人力。同样，马里奥兄弟的"跑"和"跳"是经过反复测试和运算的。作为游戏行业的宗师级研发公司，任天堂在核心机制的操作手感与体验上更敢于投入。所以，简简单单的模仿，看起来很像，但操作起来的感受却差之毫厘，谬以千里。

研发公司之所以要在核心挑战的操作与体验上投入大量的研发时间和人力，正是由于玩家在玩游戏的整个过程中，会不断地循环执行这个核心挑战。玩家花在这上面的时间最多，所以创作者在这个环节投入研发精力性价比最高，得到的反馈最有效。要使玩家觉得核心挑战好玩，就必须把挑战的操作变得顺应人体感受，同时增添有趣的变化。而这体现在《超级马里奥》这款游戏中，就是需要好的核心操作并配合有趣的关卡设计。例如，游戏可以感知到玩家是长按还是短按，进而反馈出不同高度的跳跃；同时，跳跃距离的计算与角色的助跑速度相结合，跳得更远一定需要更多空间去助跑；再比如，游戏的关卡中会专门设计需要连续短促跳跃的情景，以挑战玩家对于角色的操控；等等。

> 在游戏创作中，一定要找到游戏的核心挑战是什么。这个最核心的游戏机制通常是玩家投入时间最多的循环操作，需要创作者在设计之初就确认下来，并应该是创作者花最多时间来设计的环节。

理解了这一点，你可以试着提炼一下自己玩过的游戏的核心挑战。比如，赛车游戏挑战玩家的手脚协调能力，射击游戏挑战玩家的手眼反应速度，还有围棋对于玩家算力的挑战，等等。这些游戏里的挑战也来自于真实的世界，世界就是这样对待人类的，想要生存就要接受世界带来的种种挑战，比如，猎杀以获取食物，逃离坏天气，经营自己的家族等。这样的诉求甚至就在我们的基因里，完成能力上的挑战，会使参与者感到快乐、兴奋、满足。正如第一章讲到的"来自黑盒的动力"，人类对"多巴胺、胺多酚"的研究，证明了优秀、胜利都可以让我们兴奋，这是我们身体的基因带来的。

所以，找到一个有趣的挑战，或者将几个有趣的挑战组合在一起，比如，挑战手眼配合能力，挑战记忆能力等，对于游戏创作来说是个很好的开始。即使是《魔兽世界》这样的网络游戏也是这样，虽然游戏里的世界观是虚拟的，角色有着超自然的魔法，但剥去其被赋予的一切故事，你会发现它挑战的仍是人类的手眼配合、团队协作等能力。像《炉石传说》这类策略性的游戏，是在考验你的资源优化配置能力，是一种更为复合的挑战，涉及观察、手速、算力、抉择等方方面面的考验。如果是即时策略类游戏，比如《星际争霸》，还要额外加上特定时间、特定内容的反应能力挑战，所以这类游戏往往成为电子竞技的首选。

2.3.4　为什么是信息表达

"有人说游戏无法像电影一样影响人们的情感，我不认为是这样——它们给你的是不一样的情感体验。我从来没有在看电影的时候感到过骄傲和内疚。"[1]

——《模拟城市》制作人威尔·赖特（Will Wright）

---

[1]　Burdick, A.(2019, November 12). "Discover Interview: Will Wright." *Discover Magazine.*（编者注：原链接已失效。）

正如前文提到的，在一款游戏里，玩家会接收到制作人传递的信息。这些信息首先来自于对游戏的世界观、故事脚本、角色、场景、动画等内容的体验。这样的信息传递形式我们并不陌生。这些信息可以是创作者的故事、情感，可以是某种文化、艺术、价值观，它们是创作者的主观表达，而游戏是表达这些信息的载体。这点其实和电影、音乐、诗歌等表现形式没有区别。

但在游戏中，还有一个非常特别的信息传达机制，那就是——游戏机制。这个"游戏机制"非常抽象，但却是非常有力量的信息传递工具。通过游戏机制传递信息不需要过多的辞藻，而是通过机制的设计，使玩家在参与游戏的过程中，自然地感悟到信息。这就是游戏设计里的一个方法论——"机制即信息"。

"机制即信息"是美国游戏设计师布兰达·罗梅罗（Brenda Romero）提出的，其理念是通过游戏这种媒介来捕捉并传达一些复杂的体验。就像照片、绘画、文学和音乐能够将一个人的体验传递给另一个人，游戏也是如此。并且，游戏所具备的交互性使它能够承载一种用语言无法表达的沟通感受，这让参与者积极地成为体验中的一部分而不是被动的观察者。

罗梅罗在"机制即信息"的理念下创作了6款非数字化的游戏作品，其中最为知名的一部作品是《火车》(*Trains*)。这是一款桌面游戏，有三辆火车被放置在破碎的玻璃床上，每辆属于一个玩家；同时，还有一大堆人形模具，每个模具代表10万人。玩家们各自的目标是最先将属于自己的人形模具运送到目的地。玩家之间是有阻碍和竞争机制的，这部分机制主要由游戏的卡片来主导。旁边的那个老式打字机里，写出了游戏的具体规则。

图 2-24 《火车》

　　游戏中的很多细节都是罗梅罗刻意为之的，比如代表人的模具尺寸比较大，而火车的车厢空间被设计得相对狭窄，玩家需要非常努力才能将尽可能多的模具挤进去。还有破碎的玻璃、二战时期的打印机，这些因素会令部分玩家在游戏开始前就好奇地询问如此布置的原因（当然他们暂时不会得到答案）。

　　在玩的过程中，玩家们并不会明确地知道这个游戏的含义是什么，由于游戏机制的设定，玩家需要多次运送小人，并想办法尽快运送更多的小人，从而取得"胜利"目标。但在每一次将人形模具运送到目的地并"卸货"时，玩家会得到写着纳粹集中营名字的卡片，玩家会逐渐感觉到残酷的现实内容冲击进来，并意识到这其实是一辆开往奥斯维辛集中营的列车。当这个念头开始出现在其中一位或几位玩家的脑海中时，游戏的氛围逐渐发生变化。玩家之间可能会发生讨论、争执，也可能都开始默不作声；有参与者会建议大家停下来，或者陷入沉思，或者哭泣；也有的参与者默默地离开了游戏现场；跑过来埋怨游戏设计师的也大有人在；甚至，有玩家会把小人模具默默带出博物馆，实现"真实"的营救；也存在一种极少数的情况，即玩家中也有倡导遵守规则，坚持将游戏完成的人。

如果罗梅罗在现场，她还会给到结束游戏的玩家一些真实的资料或故事，让玩家了解刚刚所"参与"的大屠杀事件的真实的历史情况。这个过程给了游戏体验者一种难以名状的心灵震撼。一个简单的桌面游戏，却能通过机制设定，在我们的心灵深处发出无声的叩问："如果回到当年，你会不会在高压下盲从权威的指令（正如盲从游戏规则一样）？人们会袖手旁观吗？"这款桌面游戏发挥了游戏这种媒介独有的特点，使玩家成为这场灾难的"参与者"，巧妙地传达出历史文化所承载的难以言表的复杂意味。这款游戏展出后受到了很多机构和很多人的关注，而且陆续获得了许多超出游戏范畴的奖项。

罗梅罗的这一系列游戏在游戏学术圈颇为知名，但这些游戏并没有公开大量发行。一方面是因为这些游戏本身具有很多艺术化的装置，另一方面也是因为这些游戏是需要现场体验和交流的文艺作品。另外，一旦玩家逐步揭开了游戏的目的，也就意味着游戏的生命即将结束了。有别于以技能挑战为核心的游戏，信息表达类游戏大都没有可重复参与的机制设定。但这类游戏本身也不是为了让玩家挑战或精进技能的。在这类游戏中，游戏机制是为信息服务的，在完成了信息表达后，机制就履行完了自身的职责，而参与者收获的是一条"亲自动手"争取来的信息。

在游戏中，玩家并不是被动地获取信息，而是亲自动手去挖掘信息。正如克劳福德所提到的，"游戏是来自真实世界的抽象系统的子集"。玩家在游戏中获取信息的方式，与人们在真实世界中学习、探索、获得信息的方式没有太大区别，只是失败的时候代价相对比较小。

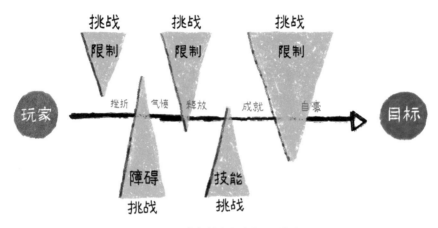

图 2-25　玩家在游戏中达成目标的路径

　　如果我们给玩家一个明确的目标，让他在完成目标的过程中历经各种挑战，那么玩家可能会产生挫败、气愤、释然等感受；当玩家达成目标时，他会获得成就感、自豪感。而如果我们换一个方式，将游戏的真实目标隐藏起来，或者逐步公开游戏最终的真实目的，那么，同样经历了各类挑战、挫败的玩家，在最终达成目标时，原本期望的成就感、自豪感可能就会全面崩塌，玩家可能感到愧疚、悔恨。这就是罗梅罗的桌游《火车》所采用的信息表达方法。

　　《请出示证件》《这是我的战争》这类游戏，又属于另一种矛盾性信息表达的游戏。游戏中充满了非常艰难的选择，比如，玩家只有做出撒谎、杀人、助纣为虐等行为才能逐步实现游戏的通关。游戏创作者把这些突破人们道德伦理边界的选择还原在了游戏里。

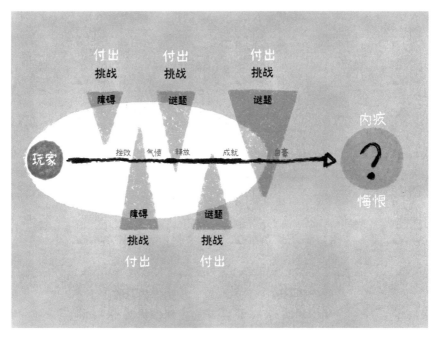

图 2-26　玩家产生内疚和悔恨情绪的路径

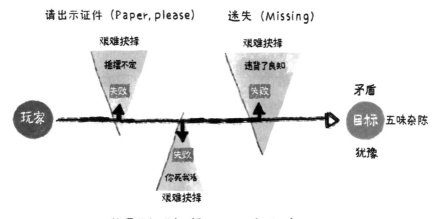

图 2-27　玩家产生矛盾、犹豫等情绪的路径

虽然这些信息表达的方法有点蛇蝎心肠，但其实世界本来就是如此这般。我们如果仔细观察上述这些系统机制的构成，会发现它们并不是什么新鲜的创造物，它们只是用游戏的方法抽象地表达了什么是成就，什么是愧疚，什么是矛盾。所以，作为一个游戏创作者，千万不要滔滔不绝地给你的玩家讲故事，正确的信息表达方式是给你的玩家一个小小的世界，一个世界的抽象系统，让他去发现信息，而这个过程会成为玩家自己的故事。

2.3.5　从信息表达或技能挑战出发创作一款游戏作品

回到这一节开篇的讨论，创作一款游戏时如何把源点转化为游戏内容。这个过程并不容易，经常成为游戏创作过程的一个瓶颈。好的转化可以让后续的研发流程非常顺利，而不明确的转化就会遗留很多问题，成为游戏作品或项目潜在的风险。

如前文所说，将"创作源点"直接依照现有游戏分类转化为成熟的游戏机制，会使得游戏的方案缺乏创新，没有创作态度。而信息表达与技能挑战，则具有足够的宽泛性。它并没有锁定某个具体的玩法或世界观，留给创作者足够的想象空间；但同时，这种转换方式又具有很强的指向性，它迫使创作者拆解源点，明确是以精进某项技能为目标，还是以传达某种信息为目标。

从每年学生们共同完成的技能挑战与信息表达坐标图我们可以看出，其实两者兼备的游戏很鲜见。所以创作者在一开始思考游戏的设计方案时，似乎没必要把两个方向混在一起。这样做的创作者让自己背上了一个很大的"包袱"，试图与游戏行业里凤毛麟角的大师作品比肩。而实际上，即使是两者兼备的经典作品，也往往是从挑战与信息中选择一方面作为起始，随着制作的不断深入，逐渐地融入了另一方面的元素。所以，这个拆解源点的过程，其实就是在帮助创作者明确创作的方向，把一款游戏包含的元素进行有效的方向性梳理：

世界观（建构游戏世界的背景）。

故事脚本。

角色、场景、动画等（视觉上的体验）。

规则（游戏的基础玩法）。

核心目标（玩家在游戏里的核心追求，通常是由一个又一个的挑战组成的）。

冲突（玩家之间或玩家与电脑 AI 之间的矛盾对抗）。

策略（玩家完成挑战的思路）。

社交（通常的功效是将玩家联合起来一起完成游戏里的挑战）。

操作 &UE（这部分是个特殊的存在，UE 是指用户体验［user experience］设计）。

……

上述的这些因素，其实都可以拆分成两个方向，可以偏向技能挑战，亦可以是偏向信息表达，这完全取决于创作者的抉择。

这里分享一个案例。一位游戏创作者在看过《徒手攀岩》这部电影后，很有感触，想制作一款模拟攀岩的游戏，让普通人都能体验攀岩的感觉。那么，创作源点有了，下一步就是选择游戏化的方向，这里就有两个方向可以选择了。这个题材显然可以倾向于技能挑战的创作方向，这样的话，创作者需要提炼出真实攀岩过程中的操作，并找到最能还原这种感受的一些设计。这位创作者最终选择了以 VR 为载体，来呈现这个没有容错性的挑战。不过，这个题材其实也可以走信息表达的方向。看过《徒手攀岩》这部电影的观众会知道，徒手攀岩是没有任何保护措施的，任何一次操作失误，运动员面对的都只能是死亡。这使得运动员本人以及他的家人、朋友、挚爱都承受着情感上的巨大考验，攀岩者自身也可能会经历性情上的巨大转变。这种感受与经历，很难用文字或电影让观众切身体验到。如果能让玩家成为这条感情纽带中的一位参与者，体验从攀岩的前期筹备到最后进行并完成产生的情感变化，通过游戏的交互方式让玩家在故事中进行选择或参与互动，那么，这样的感受也不失为一种非常值得考虑的游戏制作方向。

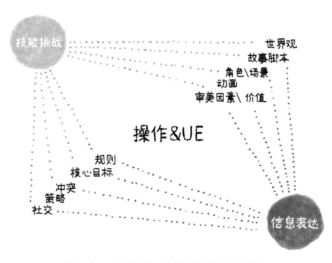

图 2-28　技能挑战与信息表达影响游戏制作

这个阶段，无论创作者选择两个方向中的哪个，对后续的制作都具有很大的方向性影响。这个方向一旦确定下来，那么前面提到的游戏元素就都要追随着这个方向前行了，所有的制作环节都要有指向性。如果是技能挑战，那么就是信息服务机制；如果是信息表达，那么就是机制服务信息。只有在具备了明确的目标之后，创作团队才能在每一个细节内容的制作上作出正确的裁决，而避免由于方向的不明确带来的纠结。

所以，开始设计一款有趣的游戏，一定要先找到自己或团队共同感兴趣的"源点"。"猎杀的快感""美食家梦想""外太空的冒险者"等都是源点。然后是拆解转换这个源点，把它转化为"技能挑战"或"信息表达"。最后就是按照定下的方向，开始专注地进行漫长的创作。在这样的步骤下，创作思路变得非常明确。好的游戏创意，用一句话概括出来，就足以让人想象到接二连三的有趣设定。例如：

> 传递给玩家盲人的感受——信息表达。
> 挑战玩家在中国山水画方面的构图能力——技能挑战。
> 体验南极探险队的经历——二者皆可。

游戏行业的从业者常说，"万事开头难，立项定成败"。游戏创作的开端其实就是在做"立项工作"，只不过在这个阶段，没有人限制创作者的题材，也没人向创作者提出附加收益的诉求。但这些有趣的"源点"就等同于明确的目标，游戏创作者要把源点当成起点和方向，而不是一种限制，由源点进行延伸、发散，进而再使用更多技巧去完善自己的游戏创作。

在这一章的最后，留一个问题，请大家思考：是否有极端的游戏作品，只是技能的挑战或者只有信息的表达？

第三章　观察、技法、表达

开始讲这章之前，我们先一起来分析一下游戏的要素：

> ✓ A+B=C 这是**数学**。
>
> ✓ A+B=C？还是 D？或是 E？这是**选择、判断**。
>
> ✓ 那么，在 10 秒内回答 A+B=C？还是 D？或是 E？这是**限时答题**。
>
> ✓ 甲、乙、丙三人，在 10 秒内抢答 A+B=C？还是 D？或是 E？这就有了**挑战机制**，也就勾起了人们**自愿参与**的动机。
>
> ✓ 那么，三位士兵被锁在了一个神秘的房间里，10 分钟内，他们必须搜索出道具 A 和道具 B，然后选择用这两个道具打开 C、D、E 其中一个出口，这就是**密室逃脱游戏**了。

在这个分析过程中，我们看到游戏的底层其实是一些逻辑、判断、数值，但游戏的表现形式是个综合体。游戏包含了视觉、听觉，甚至触觉，涉及美学、文学、音乐等富媒体交互体验，是一个非常综合的产物。所以，设计游戏到底需要哪些技能？我们可以说设计游戏不需要特定的技能，但也可以说其中涉及大量的技能。关于游戏本体的设计，本质上是在设计一套系统机制。抽象机制的设计给人们一种游戏制作非常容易上手的错觉，所以人们经常认为自己可以成为优秀的设计师（这似乎也解释了为什么在研发公司里，策划的工作会如此艰难）。但从另一方面来说，游戏系统机制的容器性很强，所以游戏设计会涉及方方面面的知识与技能。尤其是面对电子游戏，除了需要掌握游戏设计的方法论，你的团队还需要掌握计算机编程以及图形设计等技能。

随着科技的发展，游戏的模拟性和体验性也在发展。游戏设计涉及的内容与所需的技能也在迅速增多，而且不断地演变进化。对于单个创作者或者创作团队来说，针对设计与创作方法的学习不能追逐变化，反而要沉下心来，找到每个人自己的方向。

"观察、技法、表达"，是我在美术学院教学期间使用的一套创作方法论。其原本的应用情景是艺术创作领域，是用来指导学生观察记录生活、学习创作技法和进行自我思想表达的一条创作路径。用大家都熟悉的一句话来类比，就是"艺术来源于生活，却又高于生活"。有趣的是，在现代认知心理学原理中，有着类似的表述。认知心理学家艾伦·纽厄尔（Allen Newell）和赫伯特·西蒙（Herbert A. Simon）认为，包括人和计算机在内，信息加工系统都是由感受器（receptor）、效应器（effector）、记忆（memory）和加工器（processor）组成的，其一般结构见图3-1。感受器接收外界信息，效应器作出反应。信息加工系统以符号结构来标志其输入和输出。记忆可以贮存和提取。认知心理学的解析流程对科研实验启发很大，各个领域正在认知理论的基础上进行不断的探索发现。这个解析流程同样可以用来解析创作方法，与"观察、技法、表达"的创作流程对应起来，帮助我们理解这套方法论的科学性。

在提到创作者类型时，我们把创作过程分为了三个阶段：寻找源点、源点诞生、表达源点。寻找源点对应于认知心理学表述中的感受器；而源点的诞生对应于信息的加工器；创作者有了自己的思考甚至把它付诸于游戏创作实践，则对应于效应器。请回忆一下我曾提到的室友剪影，在看到室友逆光的剪影后，我立刻就把关于这道剪影的

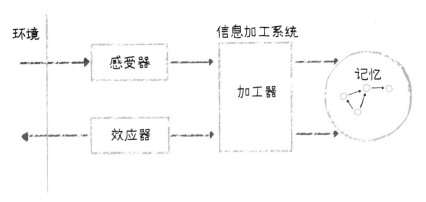

图 3-1 信息加工系统的一般结构 [1]

感受传递给了加工器，而加工器通过匹配感受与记忆，迅速地锁定了室友的身份，并把信息返还回来。当然，这个时间远比我们描述的短促，所以形成了所谓瞬间的感受，并成为创作的源点。

所以，我们一定要拓展开来，更宽泛地去看待和运用"观察、技法、表达"这套方法论。首先，这套方法论绝对不是只能狭隘地局限于艺术或视觉方面，其实它描述的是人们从世界获取信息、加工信息和表达信息的路径。游戏作为对世界的一种抽象，使用这套方法论来指导游戏创作也是再合适不过的了。另外，"观察、技法、表达"并不是什么游戏设计的"捷径"，它是一套创作方法，带有强烈的创作态度。不仅不会节约时间，相反，可能很耗费时间。虽然这套方法可能会让你的创作变得有些缓慢，但它却可以使最终的作品充满趣味。

① 该结构引自 Newell, A., & Simon, H. A. (1972). *Human Problem Solving*. Englewood Cliffs: Prentice Hall, p.20。

3.1 观察——从世界获取信息

"仰观宇宙之大，俯察品类之盛"，这句话出自王羲之的作品《兰亭集序》。"观"与"察"是人们了解世界、获取信息的重要方法，我们对很多事物的认识都是从观察开始的。观察不仅仅是看，还有个"察"字，要听，要触摸，要理解，要感受。观察如此重要，自古就是哲人与学者们的重点研究对象，研究其与游戏创作的联系也就显得非常必要。

有人可能会觉得，观察是人与生俱来的本领，不具备研究分析的价值。在信息理论中有一个概念，叫作"信道"。顾名思义，信道即信息传送的通道。比如，我们讲话时，从声带到空气到耳蜗，就形成一个真实的信道。这就如同没有路，车子就跑不了一样。关于信道，数学家克劳德·香农（Claude Shannon）给出了信道承载力的量化理论。

首先，信道是具有容量的，信息传输所用的信道一旦固定，其能承载的信息量便是有上限的，超过信道容量的信息是无法传递的；其次，信息是有传输率的，信息传输的速率是指在单位时间里传输的信息量的大小，通常以秒为单位。观察是人类大脑获取信息的重要信道之一，不同的人有着不同大小的信道及信息传输速率。如香农所量化的那般，人们观察事物所获取的信息有宽窄快慢之分，不重视这个环节，是要吃大亏的。

回想前面提到的徐冰先生和其女儿的对话，一句表面看起来很普通的话，徐冰先生却能借此快速洞察其中包含的创作源点，这就是因为他具有捕获这类信息的快速信道，这样的观察与感受能力令人敬佩。而徐冰先生也多次表示，这种能力与其早年的创作训练是息息相关的。

3.1.1　突破认知信道

由于观察是常人与生俱来的能力，似乎应该是人人皆会观察，所以大家已经对这样一个常规行为产生了惯性，而这个惯性会把我们限制在自身有限的信道中。

为了突破这个信道，我们首先需要不断去"质疑"它。举个例子，民间对红色绿色相配的风评非常低，有着诸如"红配绿，土掉渣"这样的说法。这话说得比较粗糙，但信息很明确，意思是只要把红绿两色搭配在一起，就一定是丑的。然而，这两种颜色搭配在一起一定很丑吗？实际上，美与丑的定义本质上也是概念封装，涉及我们对于事物分类边界的认识。记得有一次我陪几位国际专家去观览慕田峪长城，下来后经过各种纪念品小商店，其中一位国际专家喜欢上了一件"非常丑陋"的衣服，正是红色和绿色的搭配，大家都无意识地劝阻了他几句，还特地分享了一下国人对红绿相配的看法，但他还是坚持买下了这件衣服。在接下来的几天里，他把这件红绿颜色的衣服和各种裤子鞋子进行了组合搭配，大家慢慢地也都习惯了。最后这位学者穿着这件红配绿的衣服登台演讲，在台下几百位听众的视线聚焦于这件衣服的同时，我开始认为红色与绿色的搭配不失为一种好的选择。这就是一次很好的信道的拓展转换。

不光是在审美方面我们要突破惯常的信道，其实我们对待很多事物的认知信道也都需要突破和改变。现在一提到头脑风暴的工作方法，大家都会觉得再熟悉不过了。尤其是在广告公司或设计公司里，想要寻找一些好的想法时，领导就会说："来吧，我们头脑风暴一下！"不过，头脑风暴到底怎么暴？如果只是简单地把一群有想法的人聚集在屋子里自由讨论，那么，结果估计并不理想。关于头脑风暴的第一阶段，有一些公认比较好用的方法：

✓ 主持人与记录员

在头脑风暴的过程中，一定要有主持人和记录员。主持人要主动、活跃，有问有答，便于破冰。记录员要帮助大家认真记录这个过程中所有的有趣想法。

✓ 不要对自己说"NO"

每个人要遵守一个君子约定，不管心里有什么可能愚蠢的想法，都不要着急说"NO"，要大胆地提出来。

✓ 没有批评，没有权威

在第一个阶段中，参加头脑风暴的人相互之间不可以过度评判。对于自己不认可的想法，要暂缓提出建议并先默默思考；对于自己认可的想法，要积极甚至夸张地给出鼓励和肯定。

✓ 限时、定量且大量

给所有成员限定时间（比如15分钟），同时给出目标，大家要一起思考出一定量的想法。这个数量通常要多，多到明显感觉不可能在约定时间内完成。

在这些办法或者说这些思考的规则背后，我们可以隐约感受到规则设计者的目的，其实是希望大家尽可能地给出一些平时不敢提出来的大胆想法。比如限时且大量，这个规定的核心目的其实并不是要求参与者真的给出这么多想法，而是希望尽可能缩短人们常规思考的时间，这样倒逼参与者提出一些"不周到"的想法，甚至离奇的想法。

其实，对于我们习以为常的观察来说也是如此。观察本身就包括了思考，察与思是不分家的。我们可以借头脑风暴中的方法一用，比如经常了解一些自己不喜欢的东西，接触一下自己并不喜欢的人，或做一些自己不喜欢的运动；关闭熟悉的朋友圈信道，去知乎、抖音、快手逛一逛，获取不一样的信息；经常让自己定时、定量、针对性地进行集中观察，比如在 3 天内简单地了解一下所有的猫科动物。总之，就是不要给自己设定门槛，也不要提前说"NO"，这样我们观察的信道就会越来越宽。

3.1.2 回归本初的观察

当我们突破了自身的认知信道，我们看到的往往会是另一堵更加厚实的高墙——集体意识是一堵更难突破的信息传递壁垒。在我们所处的信息圈层中，哪些是有效信息？哪些是噪音？真理往往躲在集体意识的高墙背后。

在绘画圈中，有一个典型的集体意识偏离的案例。大家都知道，素描人头像是学习绘画的基础课程，很多素描头像的教学方法都有意无意地放大了画颧骨的重要性。因为颧骨是头部结构的交界点，想画好头像，颧骨的确很重要，但这个"重要"在于理解，而不是时时刻刻都要把它画出来。这个信息在一代又一代的传递下，逐渐走了样。很多学画的孩子，在诸多错误信息的强化下，觉得画颧骨就是成功塑造头像的捷径，都拼命地把颧骨画得特别黑。错误信息经过这么多年一代又一代的传承，甚至导致很多艺术类教师也把这一点理解错了。突出"刻画颧骨"成了集体意识的结晶，这种错误信息变得深入人心。我在指导很多学习绘画的孩子时，告诉他们不需要过度重视对颧骨的刻画，收到的却是他们将信将疑的神情。集体意识的高墙之厚，可见一斑。

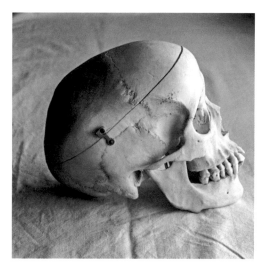

图 3-2　学习素描头像用的头骨
眼窝下方突出的结构就是颧骨。

　　但试问一下，真的有人在看到一个活生生的脑袋之前，先看到颧骨吗？第一次画头像的人，他一定会画眼睛、鼻子、嘴，也可能会画上模特脸上的一颗痣，但一定不会把颧骨画上去。一位少女光滑的面庞上，哪有颧骨什么事！在大师灵动的速写里，或者中国画的白描中，甚至很多古典油画作品中，如果不是模特面庞消瘦显现出来颧骨的结构，哪有人会第一眼看到颧骨！上述这些其实绝大多数人都能观察到，学习绘画的孩子也能观察到，但是面对集体意识的高墙时，学习者缺乏主动破墙的观察方法。

图 3-3 过度强调颧骨结构与正常描绘的对比

能够帮助我们观察得更加准确、客观，帮助我们突破高墙的一些方法：

✓ 不以拥护者的多少为判断依据

一个事物拥护它的人很多或者否定它的人很多，只能说明它的关注度比较高，但不能说明它正确与否。比如，大家都说红色与绿色相配非常丑陋，但这个结论是否正确应该由你自己来判断。

✓ 观察中的延迟判断

我们观察内容时，要尽量将做判断的时间延迟一点。很多有趣的作品上手后可能并不好玩，很多玩家体验之后很快就放弃了。但游戏上线了一段时间以后，越来越多的核心玩家发现了游戏的迷人之处，关于游戏好不好玩的话题又被重新引回主流群体的视线里，好的游戏得到了认可。这种案例在文艺创作领域比比皆是，用通俗的话来说就是"是金子总会发光的"。

✓ 具备研究性的观察能力

虽然说作为创作者，要相信感受，要具有创作激情，但就游戏媒介来说，其创作内容的表现形式非常多样化。比如，我们想做一款数学类的游戏，那么"烧脑的逻辑"也许就是游戏需要寻找的源点。所以，进行创作观察时，要带有理性的、研究性的态度，以收集有效信息为主。

✓ 笃定自己的观察所得，少为人言所动

"4 分钟 1 英里" [1] 是个真实的有趣挑战。这个挑战的规则是，任何人在 4 分钟内跑完 1 英里（约 1.6 千米）的路程，就算完成挑战。这听起来完全不可能，在很长一段时间里，许多运动员纷纷挑战失败。这种情形仿佛形成了一种气氛，使人们产生恐惧感，后续很多运动员即使已经非常接近目标了，但在这种强大的压力下，最终也都还是挑战失败。1954 年，这个挑战被 25 岁的罗杰·班尼斯特（Roger Bannister）完成，他的成绩是 3 分 59 秒 4。有趣的是，在班尼斯特完成挑战后，这个奇怪的氛围被打破了。接下来更多的挑战者相继出现，其中很多都成功完成了挑战。自信与坚持可以帮助很多人完成不曾设想过的事情。创作者在开始观察后会收获很多信息，这些信息在带来帮助的同时，也有可能会让创作者感到迷茫。当自己的观察所得与人们约定俗成的观念不一样时，创作者要相信自己的观察，笃定观察所带来的信息与想法。

观察之所以重要，就是因为我们要抛弃一些约定俗成的观念，抛弃被灌输的错误意识，回归本初地看待这个世界。由于集体意识的束缚，观察比我们想象的要更难一些。越是我们习以为常的、简单的事物，我们越要用心观察，越要敢于质疑，打破我们的固有理解，跨越边界展开讨论，肃清一切杂质，而直面事物的核心。

---

[1] 吉尼斯世界纪录，2016 年，《罗杰·班尼斯特：四分钟内跑完一英里的第一人》，参见 https://www.guinnessworldrecords.cn/records/hall-of-fame/first-sub-four-minute-mile/。

3.1.3 动态的"观察"

克劳福德说过,"游戏是来自真实世界的抽象系统的子集"。创作游戏的过程,就是在创作一个又一个的小小的世界。很多我们熟悉的棋牌类游戏的规则,就是由现实事物的特征抽象而来的。比如象棋中的将帅,代表古代的君王,不能出"九宫",且有"仕""象"充当专职护卫力量。对将帅的这些特殊保护是君王至上的写照。而"仕"代表侍卫,司"九宫"安全,不离将帅左右,却只能俯首帖耳侧行棋路,不与君王相左,象征着古代社会中皇上身边的贴身小侍卫。没有对真实世界的动态观察,象棋是不会诞生的。所以,针对游戏创作的观察方法不是静态的,创作者需要通过观察从现实世界中抽离出有趣的动态系统,抽离出浓缩的世界观,我称其为动态观察的敏锐感。

图 3-4 《国贸 7 天》游戏画面

比如，城市生活中常见的交通系统就是一个动态系统。汽车诞生后出现了十字路口的交通问题，红绿灯就随之产生；红绿灯诞生后，又随之产生了走和停之间的缓冲问题，这就又催生了黄灯的出现；而当城市体量达到一定程度时，单凭交通指示灯不足以处理如此庞杂的交通问题，所以产生了现代城市的交通系统。城市交通的管理办法就是这个系统中大大小小的无形的规则机制。我曾创作过一款墙幕形式的游戏，题材就是北京国贸地区的堵车情况。这款游戏是基于对城市交通机制的观察而产生的游戏化思考的结果。当时北京的堵车现象很严重，商贸集中地区尤为严重。这其中就涌现出很多问题，比如，如何快速缓解交通拥堵，拥堵时如何有效缓解司机情绪等。其实有了问题就有了游戏，玩家参与游戏在本质上也就是在游戏中解决一个个问题。

再比如说，地球上的生命演化是另一个复杂系统，而且有可能是这世界上最复杂的系统之一。我的一位学生对生命演化非常着迷，她以生命的演化为源点制作了一部游戏作品——《Luca》。"在地球几十亿年的演化历程中，诞生了无数灿烂的生命，而万物也许都源于一个共同的远古祖先——Luca（last universal common ancestor）。""Luca"这个概念深深地吸引了她，她开始拼命地"观察"（阅读）生命系统。阅读当然是另一种观察方法——站在前人的肩膀上，这是观察的快捷模式。对于在校的学生来说，想了解生命系统，阅读也是比较高效的方法之一。"为了了解生命的演化，我大量阅读相关书籍，特别是《物种起源》《生命是什么》等经典内容，"肖婵说，"在经过大量的阅读后，对于我的游戏，我有了明确的源点。"她总结了观察带来的几点思考：

无情感：生命演化进程是冰冷的。

不叙事：从概括与宏观的角度看待生命。

不批判：生命无法批判。

有依据：生命的一切都遵从自然规律。

根据这个方向，肖婵从生命演化中抽象出了一套系统玩法：游戏模拟物种演化机制，玩家在游戏中存活、竞争、繁衍，经历自然选择。玩家的核心目标是尽可能存活、适应变化并获取进化图谱。图中心的圆球就是玩家的角色 Luca，在游戏中有两大类维持玩家生命的资源：能量与信息。红色代表能量，蓝色代表信息。玩家通过吸收红色能量，维持生存状态及生存行为；通过吸收蓝色信息，获取功能或性状的变化，以改变生存状态。

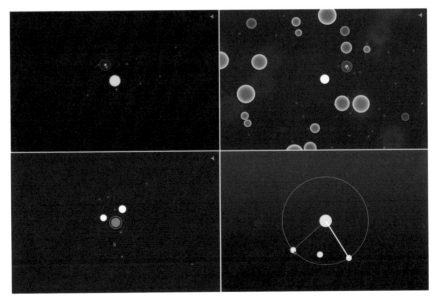

图 3-5 《Luca》游戏画面

小 Luca 自身可以产生复制体，模拟繁衍，为本体提供能量和探索不同进化方向。不同的复制体可以自动探索，去获取随机成长；不同复制体之间有 AI 的竞争机制，存在优胜劣汰。游戏世界中有生存环境的变化，玩家可以选择 Luca 的进化方向，这个抉择会影响到 Luca 的生命走向，决定了它是否能够适应当前的生存环境。通过以上种种行为，玩家不断试错，找寻当局最佳生存方式，达成存活的游戏目标。

肖婵同学的创作过程很有特点，她本人痴迷于前期的动态观察阶段，做了大量的阅读、收集、调研分析，从各种内容中提取动态的系统机制。值得一提的是，在她的游戏中，没有开始和结束，玩家只有一个结果，就是死而复生。Luca 的死亡状态就是回到原点，游戏又重新开始了。玩家每次进行游戏，都是重新开始，可记录的收获只有 Luca 的演化图谱。这样一个循环机制的设定，也是来自肖婵对于生命循环系统的动态理解。

3.1.4　日常的记录

作为创作者，一定要做好观察的日常记录。很多时候，那些好的点子不是我们没想过，而是它们在我们的脑海里迸发出来的时刻不对，我们感受不到，或者时间久了忘记了。随时用文字、绘画、摄影或者其他当下可用的方式去记录想到的点子，并且定期地回顾这些有趣的想法，对我们来说是很有帮助的。无论是艺术家还是设计师，甚至是科学家，对这个世界的信息进行勤勉的记录，都是性价比极高的努力方式。记录的内容不一定在当时就让人觉得很有趣，但我们大可放开尺度，只要有时间、有能力，就都记录下来。我建议记录这几个方面的内容：

让你开心、伤心、生气的内容。总之，一旦动情就赶紧记录。

转瞬即逝或者会慢慢消逝的内容，比如，落日余晖、疫情时空荡荡的城市等。

熟悉但却时刻都在变化的内容——发生在身边的变化往往是最容易被忽视的。

记录这些信息的形式可以是影像、文字、声音。当一个信息被记录之后，创作者可以对其进行分类，有序地管理起来，并且一定要定期回看。这个回看的频率不一定要很高，比如几个月，甚至几年回看一次都没问题。因为很多想法是在多年之后才会有感觉的。高中时，我曾拾起来一位同学的作文，是老师让他当众念出来的，可能是因为写得不太好，但我却印象深刻。于是在他想要扔掉这个作文时，我申请保留下来。我每隔几年还会看一下那篇文章，随着时间的推移，每次读反而越觉得精彩。我期待有一天能从中找到源点，创作成一款游戏。

3.2　技法——"加工"来自世界的信息

由于游戏自身的容器属性，制作一款游戏可能会涉及非常广泛的学科领域。比如，3A游戏团队中，因为需要制作大量建筑体，所以就会有很多建筑方面的专家。再比如，很多大型网络联机游戏，其数值策划岗是需要熟悉相关经济学知识的。游戏制作也可能涉及设计学、文学、美学、心理学等学科，不胜枚举。甚至应该说，游戏制作是一项可能涉及任何学科的工作，这主要取决于具体的游戏内容。游戏制作也会涉及诸多具体技能，如故事与脚本设计、语言沟通、文案撰写、人物场景绘制、动画制作、计算机编程等。所以，简而言之，任何你能接触到的技能都有可能在游戏制作的涉猎范围内。既然游戏制作可能涉及任何技能，那我们应该如何开始学习游戏设计和制作呢？

在当代游戏人才的培养方法上，我提出了一条倒金字塔培养路径。把人才的培养分成了三个阶段：基础素养、核心能力、融合学科。这条路径融入了大量跨学科的内容。就单一游戏产品或者单个游戏的创作来说，不会涉及所有学科，创作者也不可能掌握"一切技能"，而是如虚线所示，在这个倒金塔阵列中，由下而上选择一条路径。就好比画油画与做雕塑，虽然都是艺术门类，但是两者之间的差异还是非常大的。游戏本体是个大容器，在游戏创作中选择不同的路径，其差

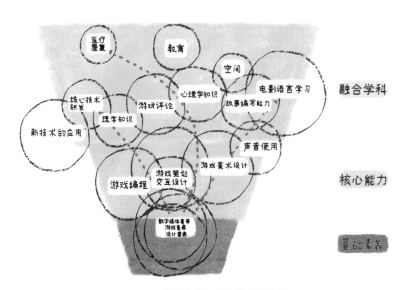

图 3-6　游戏人才倒金字塔培养路径

异程度不亚于油画与雕塑之别。本书不能讲解众多路径，也不打算详尽地分析某个路径。我还是会从游戏本体的认知与学习角度——重识游戏——出发，列举游戏设计与创作过程中一些通用的方法。

3.2.1　基于游戏设计游戏

如果非要选一个最重要的游戏设计方法拿出来讲，那么我认为一定是原型的迭代制作，我称它为"基于游戏设计游戏"。我用一张图示（见图3-7）来呈现整个进程：首先是提出一个游戏的系统规则，用简单有效的方式把游戏快速地制作出来，然后找到玩家试玩，收集问题，然后调整系统规则并修改游戏，再找到玩家来测试，如此反复。这里提到的快速制作出来的游戏就是原型，整个边玩边修改的过程，就是迭代制作。迭代过程可以拆分为：

核心玩法迭代：这个阶段可以用桌面原型或者毛坯的电子版小样来进行最初的玩法测试，通常调整会非常大。创作者要拿出充分的钝感力来收听建议，准备好做大相径庭的改动。

垂直切片迭代：这个概念前面提到过，一款游戏的垂直切片包括核心玩法、研发构架、操作表现、艺术表达等内容。垂直切片在纵深方向会比较全面，但横向只需要完成一个关卡或者一个代表性的体验情景。那么这个阶段的迭代也集中在纵深层面，是基于已经确定的核心玩法来进行纵深维度的尝试。同样会改动比较大，但改动的范围是不涉及已经确立下来的核心玩法框架的。

里程碑迭代：区别于垂直切片，这个阶段是横向内容的迭代，针对游戏研发过程中的不同阶段来进行关卡设计、数值设计等内容的迭代。

版本迭代：这是游戏制作中后期不可或缺的环节，在已经可以比较完整地体验游戏时开始版本迭代。版本的迭代测试不仅是玩游戏提问题，更是一个系统化的技术活儿。这部分的工作流程与一款软件开发到后期的版本测试一样，主要包括功能测试、压力测试、适配测试、性能测试等。除了这些与软件测试一样的部分，游戏的测试人员还要大量测试游戏玩法的平衡性，数值的合理性。另外，游戏上线后测试的工作压力也很大，尤其是大量玩家参与游戏后，很多低概率触发问题都涌现出来。复现这些问题，帮助工程师锁定问题，也是测试的重要工作内容。由于版本测试是游戏开发中后期的工作，所以一旦出现改动就会牵一发而动全身，也因此版本迭代开发过程耗费的时间并不少。

图 3-7　游戏原型的迭代制作流程图

之所以说"基于游戏设计游戏"要第一个拿出来讲，是因为所有我们看到的成熟的游戏玩法本身都是这么诞生的。这些玩法，都是随着一波一波的玩家的体验、试错，逐步演变成熟。如果一个游戏设计师说他知道一个绝妙的玩法设计，但是从来没有玩家体验过，那我可以确信，它是不够好玩的。因此，不管是做简单的小游戏，还是大型 3A 游戏，上面这些迭代过程都是必不可少的。如果不用迭代式的方法推进游戏研发，而直接开启某个具体人物场景的设计，或者一个具体功能的研发，这和赌博没什么区别。在投入大量资源开始制作之前，一定要先通过低成本的方式实现游戏原型，进行迭代制作。随着玩家不断地深入体验，以及制作者的持续修改，游戏原型所获得的玩家反馈也会趋于明确。这时候制作团队可以选择投入资源去深入开发这个原型，或者在这个过程中放弃这个原型。这部分内容本书后面会通过课程中的实践进行重点阐述。

3.2.2　系统机制

有了第一章的理念的根基，我们知道游戏的本体是系统机制，而系统机制也可以简单地理解为游戏的规则和玩法。那么系统机制是由哪些内容组成的呢？系统机制由一些基本要素构成，包括：玩家、目标（挑战）、规则、资源、冲突、游戏世界、结果反馈。这些基本要素之间的联动关系构成游戏的系统机制。接下来我们来解读几个关键的基本要素：

玩家：指参与游戏的人，可以是一个人，也可以是多个人。大多数时候，玩家会化身为角色（比如《塞尔达传说》的林克）出现在游戏里。玩家的行为与游戏系统形成多种关系，比如，单个玩家对抗游戏系统，多个玩家对抗游戏系统，玩家（单个或多个）对抗玩家（单个或多个）。玩家行为是影响游戏进程的重要因素，可以说，游戏制作人的目标就是通过上面提到的基本元素控制玩家行为并影响其情感。针对玩家群体的研究在游戏行业中已经被系统化运用，比如，对玩家年龄、性别等群体特征的分析，还有玩家留存付费的行为记录等，这些属于用户行为研究的范畴。

目标：绝大多数的游戏都给玩家设定了明确的目标，玩家需要在游戏中努力克服一切复杂情况去达成这个目标，就好像在现实生活中，我们也拥有自己的生活目标一样。很多游戏的目标非常符号化，在《超级马里奥》或《塞尔达传说》游戏中，玩家的目标都是营救公主，因此玩家需要不断地推进关卡。也有很多游戏的目标不是这种符号化的终极目标，而是被制作人拆解成了很细碎的小目标或者比较隐晦的目标。

规则：包括对于玩家行为的限制、单元的属性、操作流程的安排。行为的限制是游戏玩家自愿接受的一些行为特征，比如《超级马里奥》游戏限定了玩家只能往屏幕右侧单向行进，并且不能落入游戏屏幕下方的沟壑里；单元的属性是指玩家的生命数、子弹数、敌人的血量、金币的数量等；操作流程是指玩家角色的操作行为，比如《超级马里奥》中玩家需要用手柄控制上下左右，轻按键和重按键会影响跳的高度。非电脑游戏也存在操作流程，比如高尔夫游戏中玩家的挥击行为，或者跳棋游戏中棋子跳跃的次数。

资源：玩家达成游戏目标过程中需要的属性或物品。资源有两个比较重要的因素，首先是必须对玩家达成游戏中的各种大小目标有功效，其次是必须有数量限制。生命的数量值、矿产的数量，还有各类武器的数值损耗等，都是典型的资源。不过需要注意的是，资源和前面提到的单元属性有很明确的区别，后者是游戏中涉及的所有物品的属性，而前者是游戏里玩家可以使用的东西，并且是有限地使用。所以，"资源"是从游戏内部经济体系的角度来给出的一个概念，也可以换一个说法，就是"产出和消耗"。很多游戏的资源品类没有那么复杂，尤其是很多桌面游戏。对于围棋来说，棋盘上的"目"就是资源，对弈者的最终游戏目标也就是争夺"目"。不过对于《星际争霸》来说，玩家需要平衡的资源就很多了，如矿产、钱、人力等，每一次的操作都有可能形成产出和消耗的重新配置。所以，这也是为什么说经济学也是与游戏非常相关的一门学科。

冲突：是玩家在努力达成游戏目标的过程中，由于规则设定而产生的障碍和竞争。比如，游戏中循环游走的敌人、隐藏的陷阱、阻碍玩家的墙壁；高尔夫球游戏中的水坑、沙坑、长草；多人参与的游戏中，你的竞争对手。

游戏世界：这个概念经常容易和电子游戏的虚拟世界混淆，但其实两者并不是一个范畴。像《龙与地下城》这样的游戏，玩家们创造出来的就是一个在所有玩家脑海里都真实存在的游戏世界。但它有别于真实的世界，有一个明确的边界，突破了这个边界可能就不再是游戏了。游戏世界的边界是用地图、规则、玩家行为限定勾勒出来的。比如，足球场地是足球游戏的边界，同时，裁判的哨声也是足球游戏的边界。

结果反馈：如果在 FPS 游戏中，要你朝着漆黑一片的空间开枪，你知道对面有敌人，但永远不知道是否成功射杀了他们，这样的游戏你能持续玩下去吗？再进一步想想，这还算是一个游戏吗？还是一个交互装置艺术品？所以，结果反馈是又一个构成游戏的基本因素。结果反馈可以是一个分数，可以是生或死，也可以是一个抽象的特效反馈。但通常来说，结果反馈是不确定的，是有变数的。甚至可以说，来自于游戏的不确定的结果反馈，就是玩家重要的快乐源泉之一。这也是为什么很多商业游戏在最终结果的结算时下大功夫做夸张的特效，就是为了给予玩家充分的反馈快感。

3.2.3 有趣的挑战

有趣的挑战，这是一个讨论规则的时候需要讨论的衍生问题。参与游戏的玩家都会趋于遵守游戏规则，这就像是一个"怪圈"，也可以说是所有玩家信守的约定，只有自愿接受这些规则的限定，才算是置身于游戏当中。就好比有人问你"敢不敢和我打个赌"一样，只有你回答"敢"，赌局才算生效。那么，为什么面对这么多困难、限定、障碍和挑战，我们还要去参与游戏？为什么玩家会有动力在严苛的规则限定下拼命努力完成目标？关于这个问题，我们在前面的章节中提到了有趣的 hard fun，这里再补充说明一下与之相关的理论。

游戏的系统机制与现实社会的系统机制是子母关系，本书多次提到"游戏是真实世界的子集"或者"游戏是来自真实世界的抽象系统的子集"。很多玩家在游戏世界里的追求，也是自己在现实世界中的需求的映射。所以，研究人类在现实世界中的工作或者解决问题的驱动力，可以帮助游戏设计师快速找到有趣的挑战。美国著名的心理学家爱德华·L. 德西（Edward L. Deci）和理查德·瑞安（Richard Ryan）两位教授，基于现代心理学的研究与讨论提出了自我决定论（Self-Determination Theory）[①]，把人类参与一切活动的动机

---

① 法尔克·莱茵贝格（2012）.《动机心理学》. 王晚蕾，译. 上海：上海社会科学院出版社.

分为了三种基础需求：自主性（autonomy）、竞争力（competence)、关联感（relatedness）。自主是指一种自由不受拘束的自主状态，包括自由意志、选择权限、控制感等要素，[①] 比如，相较于把你封闭在某个空间中，你一定更希望到外面的世界自由探索。竞争的驱动力是指自发地去掌握足够的竞争力，比如，可以控制事物的结果，或熟练掌握某项技能。关联是指愿意与他人互动、建立联系并归属于某个集体，关怀他人或体验被关怀。如果打算在游戏中设置有趣的挑战，直接或间接地让玩家感到这些方面的成长和成就是必不可少的。

自主性在游戏中的体现：相较于其他文艺形式，游戏充分体现了其媒介的自主性。在观看电影或收听音乐时，观众是不能参与的，也就谈不上什么选择、控制的感受。而玩家进行游戏时，可以进入一个自主状态。但是一旦玩家获得了这个自主状态，他们就会不断地追求更舒适、更极致的自主性。设计师可以分两个方面去考虑。首先，是游戏中操作的舒适度。就拿控制一个角色来说，光是不同方向的切换，设计师就有很多细微的工作要做，在格斗游戏中切换方向是瞬时的，在动作冒险类游戏中切换方向是有惯性的，这些操作的变化玩家都会清晰地感受到。其次，自主性的另一个方面，是制作人给玩家的自主空间，即制作人通过游戏系统机制的要素圈定的玩家行为范围，关于这部分内容，读者可以参看本章的"人为机制与自然机制的配比"。

竞争力在游戏中的体现：竞争力体现在游戏中就是技能的挑

---

① Deci, L. (2014). "Self-Determination Theory (SDT)." Psychspace. https://www.psychspace.com/psych/viewnews-11449.

战，这是玩家最重要的动力，也是来自黑盒的动力（hard fun）的体现。创作者可以设置很多类型的竞争力，比如脑力、算力、反应速度、合作能力、手脑配合的操控力。当然你设计得越多，游戏的难度也就越大。如果一款游戏包含了上述多项竞争力的挑战，那么它会是一款很不错的电子竞技产品。所以，在设计的过程中，设计者要考虑难度曲线的匹配，这里推荐参考米哈里·契克森米哈赖（Mihaly Csikszentmihalyi）教授提出的心流理论。

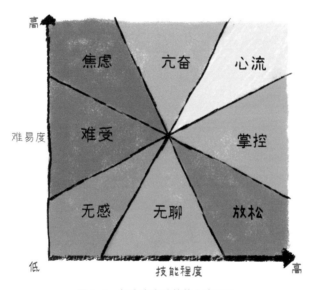

图 3-8　契克森米哈赖的心流理论

　　游戏制作者需要充分考虑受众群体的竞争力差异，从而去设定自身游戏的挑战。如图所示，如果面对泛游戏用户，游戏设计者给出了适合核心游戏用户的挑战难度，那么就会导致焦虑；如果把休闲游戏扔给硬核玩家，那就会导致无聊。

　　关联感的体现：关联感也可以翻译成归属感，游戏世界中的集体组织都属于关联感的体现。关联感可以成为很好的游戏主题，比如，陈星汉的作品《风之旅人》让玩家体验到了无声的心灵关联。游戏中分享到互联网社交平台的内容，也是关联感的体现。这一项并非游戏内的必要项，很多单机游戏，并没有特意设置什么关联感。但是大量的直播平台、社交平台，都在帮助游戏建立关联感。完全孤立的游戏是不存在的。设想一下，如果你花了几个月的时间辛苦地通关了一款游戏，爆棚的成就感无处分享，那真的是太孤独了。所以，对于制作人来说，有趣的挑战最好要营造在这种有关联感的语境中，要让玩家的自主性、竞争力具有关联的可能性。

制作人的"私心"

《死亡搁浅》是小岛工作室（Kojima Productions）成立后发表的首款作品。在 2016 年索尼（日本）PlayStation 发布会上，小岛秀夫首次公布其设计理念，并引起了许多游戏爱好者的猜测与期待。2019 年，作品发布后引起玩家群体的一些讨论，不过，这些评论却产生了两极分化的现象。无论是媒体还是玩家，给出高分的通常是因为被他传达的理念所打动，而给出低分的则认为其玩法单一、枯燥乏味。我认为去讨论这些评论的对与错毫无意义，因为没有任何理由去怀疑小岛先生的水准问题，但我认为《死亡搁浅》的有趣设计中一定夹带着制作人的"私心"。下面我们以此为例，讨论一下有趣的挑战与世界观之间的配合关系。

我们做一个夸张点的设想，假如把《战机世界》和《死亡搁浅》两款游戏都抽象化，让它们变成圆形、方块还有数值这样的抽象界面，再把两款游戏的操作放在一起比较。不难发现，其实操作上有很多相同之处，比如保持平稳、选择路线、控制拾取、选择攻击的时机等内容。那么，为什么只有《死亡搁浅》收到了玩家两极分化的反馈评价？再换个角度想一想，如果《死亡搁浅》中，玩家是在第二次世界大战的世界观中运送弹药，故事的发展决定着整个二战战局的推进，玩家会怎么评价这个作品？有一点很明确，《战机世界》这类游戏的目标比较单纯，其中的目标是玩家常见的参与动力——作为飞行员参与到战斗中并击败对手，这正是玩家常规理解的"有趣的挑战"。而《死亡搁浅》的目标是送货，控制送货过程中的操作并非常规意义上的有趣的挑战，或多或少更像是在工作。所以，制作人需要花很多心思让玩家重新理解其世界观，玩家也需要花一些时间沉下心来去感受游戏的乐趣。在对《死亡搁浅》的评论中，能够沉下心来去体会游戏乐趣的玩家对游戏的评价很多都非常积极。

一个有趣的挑战机制是带有自身的属性特征的。比如一个射击类游戏，核心的操作可以抽象为玩家控制键盘鼠标，在正确的时机点按下去。如果把这个操作用在清理树上的杂枝，玩家也是需要用鼠标和键盘控制剪刀，在正确的时机"咔嚓"剪掉多余的枝叶，但这还会那么有趣吗？所以，挑战的操作机制要与世界观契合起来，才可能变成有趣的挑战。

《死亡搁浅》的制作人小岛是现在行业中最出色的制作人之一，他当然深谙这些游戏制作中的基础技巧。所以我们才说小岛先生夹带了"私心"。小岛先生显然想要在游戏中传达自己对世界和人类的一些想法，传达一些用语言不那么容易表现的复杂理念。可以说，制作人正是要利用这种"非有趣挑战"的感受，驱动玩家在经历了一切阻碍并完成游戏的过程中产生心态的变化，达到其想要的共鸣，传递其想表达的信息。

3.2.4 可玩元件的设计

这个概念与玩具类似，可以理解为游戏世界中的玩具，它可以一定程度上被玩家操控，又存在一定程度上的不确定性。所以，可玩元件是人为机制与自然机制之间的混合体，是撬动两种机制互动的元

图 3-9　《俄罗斯方块》中元件的形状选择 ①

源自数学中多联骨牌（polyomino）概念。

件。球是非常成功的一个可玩元件，球类运动都是基于这个可玩元件而衍生出来的。现实生活中没有完美的球型，现实生活中的球都是人为制作的，可以无限接近完美球型。同时，我们会使用橡胶、塑料等材料，或者对球充气，使其有刚刚好的弹性。

1984 年 6 月，来自俄罗斯科学院计算机中心的数学家阿列克谢·帕基特诺夫（Alexey Pajitnov），一个拼图游戏的爱好者，设计出了拥有世界上最多玩家的游戏——《俄罗斯方块》（Tetris，俄文：Тетрис）。这款游戏的基本规则是移动、旋转和摆放。游戏自动产出七种可玩元件，玩家使之排列成完整的一行或多行可消除得分。这款游戏在脸书上被玩家使用对战的次数达到 200 亿次以上，而它的核心设计只有七个可玩元件。

从《俄罗斯方块》的七个可玩元件中我们可以看到一些有趣的

信息。比如，每个可玩元件的方块数量都是四个，而元件可供接触咬合的形状是不同的，所以，这些元件可以看作是游戏的资源。在不同的情况下，玩家需要不同的资源。由四个方块组成七种形状——且只能是这七种形状，是在资源产出上最好的结果。如果是三个方块，游戏会过于简单；如果是五个方块，游戏又会非常复杂。这七个看似简单的形状促成了《俄罗斯方块》的火爆，并在接下来的几十年里，演变出来后续的很多种玩法，使《俄罗斯方块》成为风靡全世界的游戏之一。

并不是每个游戏都会涉及可玩元件，可玩元件在游戏世界中的重要程度也有很大浮动。比如，在《围攻》（*Besiege*）这样的游戏中可玩元件就非常重要，而在《魔兽世界》里就不那么重要了。可玩元件的设计是高度抽象的，要找到一组最适合人类操控的事物并非易事。比如，《俄罗斯方块》的七个元件是源自数学的抽象合理性设计，而《围攻》的元件是基于物理原理的合理性设计，《传送门》游戏的元件则是基于空间的可玩元件设计。游戏中可玩元件的设计要想成功，需要配合非常优秀的关卡设计师。这里请读者朋友们想想，还有哪些游戏是精彩的可玩元件设计？

3.2.5 关卡设计

关卡是指在具有线性进程的游戏中，游戏提供给玩家的一个个空间单元。每个单元包含了各种游戏要素，比如目标、资源、冲突、可

---

① 图片参考 Anypodetos, CC BY-SA 3.0, https://creativecommons.org/licenses/by-sa/3.0；R. A. Nonenmacher, CC BY-SA 4.0，https://creativecommons.org/licenses/by-sa/4.0，通过维基共享资源。

玩元件、地图区域、世界观、棋盘、任务、情节或路线等。关卡设计师的任务，是把这些要素有机地组合起来，形成有趣而又有适当难度的挑战。区别于垂直切片这个概念，关卡设计工作是典型的横向设计。就像厨师炒菜一样，当食材物料准备充足后，大厨就能够制作一道道精美的菜肴了。在线性进程的游戏设计中，尤其在 3A 游戏研发流程中，关卡设计有至关重要的作用，很多研发商在这方面积累了大量的经验。关卡设计有着非常丰富的内容，本书不作详解。

3.2.6　人为机制与自然机制的配比

前面提到，本书把游戏机制分为人为机制与自然机制两大类。人为机制主要是指人为的限制性条件和规则机制，自然机制是指来自世界的没有人为限定的部分。典型的人为机制有游戏地图、限制条件、行为规范、目标等。自然机制则包括自然障碍、重力、风速、人类行为、大脑算力等。人为机制更加可控，自然机制更加随机。这两种机制在一款游戏里的配比会给游戏带来很大的影响，配比不同的游戏区别非常明显。这两种机制在一款游戏中的配比，和游戏的核心目标是技能挑战还是信息表达也有很大的关系。我们比较几款游戏：

《底特律：成为人类》

《底特律：成为人类》这款叙事性游戏是一款很明确的人为机制导向的游戏。玩家在游戏中的绝大多数操作都是对制作人给出的选项进行抉择。随着不断解锁剧情，玩家可以看到完整的树形选择结构的进度。树形结构是解谜类游戏的典型结构，也可以说是人为机制主导的游戏的普遍的内在结构。制作人把玩家的路线非常明确地划定出来，玩家只需要做出一系列的自主选择。

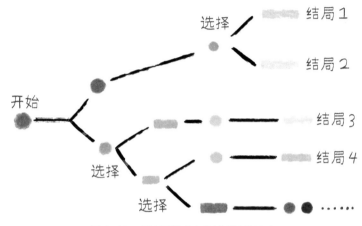

图 3-10 多结局游戏中的树形结构示意

《英雄联盟》

对比一下《英雄联盟》这类多人在线竞技类游戏（Multiplayer Online Battle Arena，简称 MOBA），我们可以发现，这类游戏的机制配比就相对比较平衡。人为机制的要素包括游戏地图、英雄技能、双方对抗的规则等，自然机制包括玩家的操作与行为。所以，在 MOBA 类型的游戏中，其游戏机制的结构，更偏向于制作人划定了一个范围——地图的范围、产出消耗的范围、英雄技能的边界等。所有玩家的行为都是在这个制作人划定的范围内，尽可能多地争抢资源，而争抢资源的方式当然包括杀死对方英雄以获得金钱与时间。因此，玩家的操作速度、反应速度、策略判断等自然机制在游戏中至关重要，这也是为什么 MOBA 类型的游戏适合用来竞技。

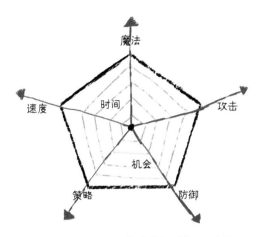

图 3-11 《英雄联盟》竞技规则范围示意图

《弹球游戏》

《弹球游戏》（*Pinball*）是 Windows 系统自带的一款游戏，也是一款典型的自然机制导向的游戏。除了开局，玩家基本不能够控制球的走向。这种随机性很强又给玩家一丝可以控制的希望的游戏，通常被应用在游艺场所里。自然机制为主导的游戏是不是更容易设计呢？这种想法显然是个错觉。《弹球游戏》游戏桌面上的每个元件，都有它的功能性，经过了制作人精心的设计和摆放，在特定区域里会形成系列事件。比如弹射圈阵列中，有一区域是比较密集的三角形结构，小球进入该区域后会反复弹射，玩家便可以快速地获得积分。

在游戏研发中，自然机制的效果也是苦心营造出来的。比如为了控制随机性给玩家带来的感受，有一个很有趣的现象，叫作"伪随机"。这个机制应用的情景很多，比如网络游戏中掉落金币的判定，如果在程序里只写一句"按照 1% 来处理"，那么玩家击了 500 次可能也不会掉落一次，这就可能造成玩家很强的挫败感，同时也不排除

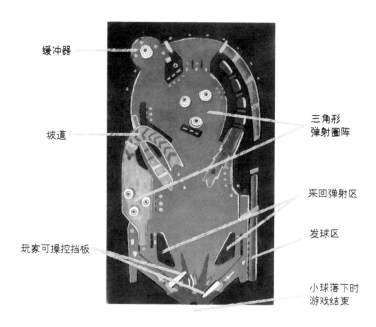

图 3-12 《弹球游戏》元件示意图

玩家 10 次内就获得了多次掉落的可能。对于玩家来说，去测试 1%
这个数值的成本是非常高的，但反过来，玩家会用感性的认识来判断
概率很高或者很低，所以这种体验的传达其实就更加重要。所以游戏
设计师会把玩家的数值体验放在第一位，通过概率递增或衰减的方法
控制玩家的实际感受，这就是伪随机。伪随机在网游的抽卡模块中应
用得很多，但是好是坏大家看法不一。

3.2.7 反馈体验与数值平衡

这两大因素是游戏值得热爱的重要原因，玩家的高潮就源自于反
馈体验和数值平衡。

《太鼓达人》

《太鼓达人》是一款节奏类游戏，玩家的核心目标就是用自己灵活的操作，踩准游戏机制给出的拍子。如果把这类游戏的反馈体验去掉，单纯把机制抽象出来，那将是非常无聊的，玩家只要根据游戏指令按键就行。但在《太鼓达人》游戏中，其给到玩家的一系列不同程度的精彩反馈，譬如"击中""完美集中""连击""超级连击"，附加上音视觉特效的渲染以及强大的曲库，使得游戏可以经久不衰。所以在游戏设计中，千万不要低估体验设计的岗位（也被称为交互体验设计师或用户体验设计师）。

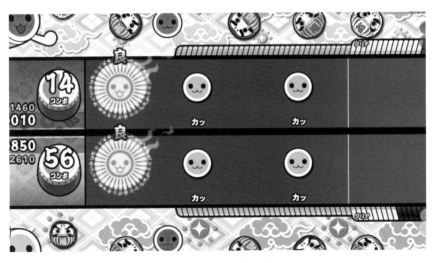

图 3-13 《太鼓达人》游戏界面

游戏《太鼓达人》只区分了红、蓝两种音符，但依靠强大的曲库产生千百种变化。

《节奏空间》

《节奏空间》是一款近年比较热门的 VR 游戏，同样是非常好地利用了反馈体验，并且把 VR 媒介的空间优势融入进来。当玩家挥动红蓝激光剑斩切迎面而来的物体时，再配合上随着不断熟练而升级的舞步，参与者身心都获得了满足。

图 3-14 《节奏空间》游戏界面

玩家需在正确的时机根据方块上的箭头指示方向劈开方块。

怎样的反馈可以给玩家带来人性各个层面的满足，属于设计心理学的范畴。除了游戏设计中的反馈机制，游戏的数值平衡，是每一款游戏的"无名英雄"。把它和反馈体验放在一起讲，就是因为这二者息息相关，一个是台前英雄，一个是幕后英雄。我们能看到一些数值，比如生命数、金币数量、物品数量。而大量的数值玩家并不能看到，比如弹跳力、速度、护甲；RPG 游戏里角色的成长时间；对抗竞技类游戏里不同英雄及技能之间的平衡、互补、克制关系；策略类游戏里更看重的游戏内在的数学模型——比如梅尔的《文明》系列游戏。即使去掉游戏的外皮，剩下的一堆数字的发展与对抗同样也非常精彩。因此，数值设计是游戏背后的数学之美。

3.2.8　游戏的载体

进入一款游戏的制作环节，决定游戏的载体或者说游戏的形态是首要的。"游戏"的概念所指的范围包括网络游戏、手机游戏、主机游戏、桌面游戏、线下的密室体验游戏，甚至很多不需要任何物理道具的游戏等。所以，游戏的载体也直接决定了游戏的整体设计和制作流程，更进一步来说，游戏具体在哪个平台发布也会对开发流程带来影响，因此这个决定游戏载体、选择游戏发布平台的想法当然是越早形成越好，如果能在游戏立项之初就有明确的目标平台会使得制作者更为专注。设计师在制作垂直切片的过程中就必须要明确游戏未来的载体。随着技术的发展，电子游戏未来可选的平台越来越丰富，VR以及 AR 设备的普及应用，还有动作捕捉技术的不断发展也都会给游戏的载体带来巨变。

3.2.9　引擎相关

游戏引擎很多，我们耳熟能详并且向第三方提供服务的包括Unity、Unreal、CryEngine、Cocos 等。也有很多游戏公司研发实力雄厚，或出于安全的考虑，自主研发游戏引擎。对于游戏研发商，引擎的使用或者开发往往就是企业生存的命脉。在大型网络游戏或 3A 主机游戏的研发中，自研引擎的表现力和易用性，或者团队对于第三方引擎的使用与拓展能力，都是关乎项目结果的大事。所以，游戏引擎的应用环节会派生出很多关键岗位，比如技术美术岗位，就是由于引擎的不断发展而产生的美术与技术的双元型岗位。

3.2.10 一个实用的设计理论：MDA

"MDA"是机制（mechanics）、动态（dynamics）、美学（aesthetics）三个词的缩写，MDA 模型最早由罗宾·亨尼克（Robin Hunicke）、马克·勒布朗（Marc LeBlanc）和罗伯特·扎贝克（Robert Zubek）三人在《MDA：一种游戏设计与研究方法》（MDA: A Formal Approach to Game Design and Game Research）[①]一文中共同提出，正如该文章的标题所指出的，这套理论一方面被用于游戏设计工作，一方面也可用于游戏研究。

图 3-15　MDA 模型

---

① Hunicke, R., LeBlanc, M., & Zubek, R. (2004, July). "MDA: A Formal Approach to Game Design and Game Research." In *Proceedings of the AI Workshop on Challenges in Game AI, 4*(1), p. 1722.

机制：即前文中多次描述的系统机制，是一款游戏的本体，也是游戏最基础的部分，这里不再赘述。

动态：指玩家在玩游戏的过程中带来的动态变化，动态是一个介于游戏机制和玩家体验之间的状态，需要设计师和玩家的共同参与才能完成。比如在围棋中，玩家每一次落子都会导致游戏后续的一系列可能的动态变化，而之所以有如此丰富的变化，也是由围棋的机制设计导致的。关于这部分，读者可以结合自然机制与人为机制来帮助理解。

美学：这里的美学（aesthetic）不是美术学的意思，和中文的审美概念比较接近，指的是一种超越视觉美术的更宽泛的美学概念。比如，著名的物理学家杨振宁曾提出"物理之美"，谷歌中日韩文搜索算法的设计者吴军博士曾写过一本书——《数学之美》，此外，还有旋律之美、节奏之美、语言之美等，都在美学的范围内。美学谈论的不仅仅是视觉方面的内容，同时还包括游戏呈现给玩家的整体感受，以及他们的情绪与情感。所以，游戏的美学通常指向由游戏机制产生的一种动态关系的美感，可以涵盖感官（sensation）、幻想（fantasy）、叙事（narrative）、挑战（challenge）、伙伴（fellowship）、探索（discovery）、表达（expression）、休闲（submission）这八种不同的游戏美学类型。

MDA 理论提出了一个双向视角的概念。从设计师的角度和从玩家的角度去看一款游戏的路径是不一样的。设计师是从游戏机制出发，通过机制设想游戏可能产生的动态，再推测（或通过测试观察）玩家的体验。而玩家侧看到的则是另一面，玩家的游戏体验都来源于美学，进而由美学去感受游戏中的动态，通过动态，玩家才能接触到游戏的一部分机制。玩家大多数时候并不能了解到游戏的所有机制，因为很多机制是隐藏的信息。

这种关系让我们理解了游戏设计的难点，因为设计师与玩家之间有很长的传递壁垒，在这个过程中，如果这三方面的结合不够到位，那么设计师传递的内容就会被削弱。想要创造能带来美好体验的游戏作品，设计师必须要不断地从双向考虑。

3.2.11 技法与想法

技法原意主要是于艺术创作而言的，指创作时用到的技术与方法。按理说一定是想法引导了技法，但随着创作媒介的不断发展，摄影、计算机等相关制作技术也逐步应用到创作技法中，甚至很多新兴技术手段带来的表现力，令很多创作者感到颠覆，技法从而逆向地影响了创作者的想法。所以，在一段时间里，想法和技法哪个更重要成为了热门话题。

实际上，想法和技法的关系体现在很多事物的创造过程中，比如，绘画、雕塑、舞蹈、音乐、电影、动画、游戏、建筑、产品、厨艺等。很多的科学发明，也是先有了理论，再有实验，最后才批量付诸实践。想法和技法之间其实并没有明晰的界限，学会如何思考也是一种技法，如果不了解具体的技术手段，那么一个人的想法也会受到局限，而一件精彩的作品，其思考的源泉也不会是仅基于技法的。所以，往往是二者的互相碰撞才能产出最好的结果。很多游戏设计爱好者在开始设计一款游戏时，很容易一上来就陷入对游戏某个环节的"技法"的研究中，比如编个适合做游戏的故事，或者给自己脑海里的游戏世界拼命绘制概念设计图。通过上述阐述，我们可以看到，游戏涉及的知识领域很庞杂，所以游戏设计与制作涉及的技术方法的范围也很广，"好大全"的空想往往是行不通的。只有具备明确的创作思路或目标定位，才能更好地投入到游戏领域的技法学习中。

3.3 表达——向世界反馈信息

3.3.1 什么是游戏的表达

表达，在文艺创作中这个概念指创作者的创作思路。表达方式，是指通过特定的创作手法对自己的创作思路进行体现，比如，抽象的绘画方式、批判的叙事方法、多媒体的呈现手段。表达方式服务于更好地表达创作者的思路。读者可能会有疑问，使用这种文艺创作的手法来探讨游戏创作到底对不对。游戏是不是第九艺术、游戏与文化的关系这些论题，我们前面已经讨论过，我想读者朋友们现在应该都有了自己的答案。可以确定的是，每个玩家在游戏的过程中，都产生了强烈的情感起伏，或开心，或悲痛，就像参与其他艺术形式一样，他们会有情绪的变化，甚至还会产生自豪、愧疚等游戏媒介独有的情感。

我倡导创作过程中把游戏分为技能挑战和信息表达两个方向，挑战技能为主的游戏会强调机制的设计，传递信息为主的游戏会更侧重于情感的表达。关于技能挑战与信息表达，前面我们抛出了一个问题：是否存在纯粹的技能挑战游戏或信息表达方向的游戏？我的观点是不存在。在认知理论中，人类最初认识世界的方法就是把所有看到的事物逐步提取为抽象的模块。试想在没有语言的情况下，一个人想传达"水"这个信息，他会把水提取成表示流动的图形、可以喝的动作、哗啦哗啦的声音等，然后想办法通过绘画符号或拟声符号来传达。在这个过程中，一步步地将世界进行抽象的封装，进行模块化、系统化的理解，这是人类认知世界的过程与方法。随着封装模块不断地细分，不断地系统化，才出现了数字和语言，才有了今天的信息表达方法。游戏本质上是来自世界的抽象的系统机制，它是我们理解世界的构成要素过程中伴随出现的产物，所以抽象系统本身就是一种信息。围棋是个经典的机制，同样也传递了信息，甚至五子棋、井字棋也都或多或少传递了一些信息，这也是"机制即信息"这个理念可以成立的原因。

图 3-16　创作者表达与游戏创作者表达

左：创作者表达

右：游戏创作者表达

　　而从另一个角度讲，游戏中也没有纯粹的信息表达。这是因为游戏的定义给游戏划定了明确的边界，如果没有玩家参与，没有系统机制等要素的存在，一种纯粹的信息表达就变成了电影、文学等。所以，"表达"是透过文艺创作者的视角去看待世界，而"游戏的表达"则允许玩家在创作者给定的范围内通过系统机制去探索世界，其中或者技能挑战的分量重一些，或者信息表达的分量重一些，但每一个游戏都有创作者的表达。

3.3.2 表达中的方法

技能挑战与信息表达

游戏与其他文艺形式最大的区别是它存在系统机制，存在人为交互，表现为挑战、选择、可能性。一款游戏立项之初，创作者要明确自己的目标，也就是要把技能的挑战具体化，或者把自己要传递给玩家的信息明确化，这个过程就是游戏化你的表达。这个过程比较漫长，也需要漫长。游戏创作者大可花上几个月甚至几年，都不算长。很多创作者，比如前面提到的小岛秀夫，其作品《死亡搁浅》正是制作人用自己的半生酝酿出来的思考。关于信息表达与技能挑战，上一章有详细阐述，这里不再赘述。

要素的应用练习

在表达的过程中，我们需要知道所有的创作要素都有它的身份属性。创作者需要寻找到匹配自己的目标的创作要素进行表达。在一个关于表达的要素的小练习中，我要求设计者在系统机制不变的情况下，表达出完全不一样的感受。假如我给定一个系统机制："点一下目标对象，使其随机更换一个位置。"那么，如何在这个系统机制下，表达出两个截然不同的内容，比如分别表达"好奇"和"厌恶"的感受？

表达"好奇"的方案：设计者可以创造一个假想的"生命体"，并为这个对象设计一系列有趣的话语，比如"你是谁？""你为什么要点击我？""别再点我啦！"等。当然，还要配合一些生动有趣的互联网表情。玩家每点击一次目标对象，游戏都会生成来自这个"生命体"的有趣的回答，同时伴随着俏皮的按钮音。

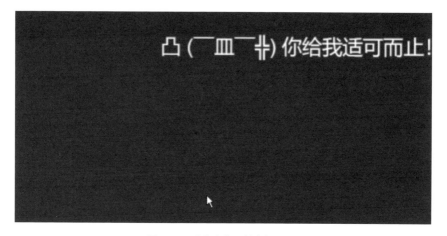

图 3-17 "生命体"的有趣话语

表达"厌恶"的方案：设计者巧妙地套用一个 Windows 的界面，把被点击对象设计为弹出的错误提示框，而且每点击一次系统就会换一个位置弹出错误提示框，并发出我们熟悉的错误提示音。这当然就会唤起让很多人厌恶的记忆。

所以，创作者对要素属性一定要敏感，要熟悉游戏中的文字、图像、动态、交互、声音等内容的指向性应用。当然，勤加练习也是非常必要的。上面提到的这个小练习，反之应用也非常有效。每一个系统机制中的交互也有自身的属性，比如手机游戏《佛罗伦萨》就制作了很多有趣的交互机制去表现情感。

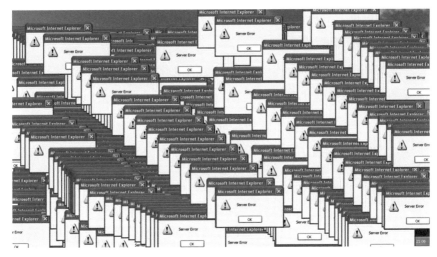

图 3-18　Windows 错误提示框

留给读者朋友一个小练习：如果给定设计者一个表达目标，比如惊悚，让设计者使用多种不同的系统机制来进行表达，你会怎么设计呢？

尺度与维度

在文艺创作中，有一类比较传统的表达方式，是还原创作者看到的世界。比如，在文学中用文字去还原一段美好的记忆，在绘画中用图像去还原一个时代的君王。在游戏这种媒介中，可以用来还原的要素很多，所以一些游戏就会给人一种模拟的感受，比如《模拟飞行》，或者表现战斗类的游戏如《使命召唤》《天国：拯救》。

其实，在所有的创作表达中，都存在尺度与维度的变化。或者说，从特定角度去看，所有的创作都是尺度与维度的变化组合。这个尺度，可以指具体的视觉表现，比如把一只蚂蚁放大到灯泡一般的尺寸；也可以指抽象结构的尺度，比如用象棋代表两军对垒。维度可以指时空的维度，如时间的倒放或空间的穿梭；或者文化的维度，比如中西方文化符号的结合……

现实还原的创作，其尺度与维度的变化都非常小。创作者的主观性虽然也会夹杂其中，但主要的创作视角还是还原。文艺创作中的另一类，创作者会在尺度与维度上主动寻求变化。相对于单纯地还原来说，这类作品的创作者是要主动寻求突破与变化，从而去表达想法。

举两个大家都耳熟能详的例子，汤姆·汉克斯主演的《阿甘正传》与余华的小说《活着》。这两个作品都采用了新现实主义的表达方式，一个比较幽默，一个非常的沉重。这两个作品的创作者都是从一个小人物的尺度出发，去展现一个宏大的历史背景，关于这两个人物的叙事都是通过创作者非常主观的创作而得来的。当然，这两个例子中尺度与维度的变化只是相对大了一些，如果跟达利、玛格丽特等超现实主义的艺术家的作品相比较，这两个作品的尺度与维度变化就显得非常之小了。而超现实主义如果和后来的表现主义、立体主义等相比较，超现实主义的维度变化相对就也变小了。

在一款游戏产品中，尺度与维度的变化可以非常丰富。比如我很喜欢的游戏作品《巴巴是你》（*BaBa Is You*），在这款游戏中没有不能变换的维度，所有你能看到的游戏要素都可以根据玩家组合的语句发生属性改变。再比如，围棋拥有的高度抽象的尺度，是一个近乎数学底层的尺度，但配合上黑白两色的棋子以及干净的棋盘，玩家又似乎可以从极为抽象的尺度中逆向感受到宏大世界。

3.3.3　什么是值得我们表达的

在学校里，学生们到了大四已经熟悉本专业的创作手段了，无论是传统的画种技法，还是数字媒体软件的使用，又或者是动画与游戏等内容的制作技巧。可以说，大家在本科四年的学习中有着丰富的训练。但有趣的是，在论文写作或毕业设计的过程中，很多训练有素的同学不知道该表达什么，缺乏具体的有趣的表达目标。行业中也有类似的情况，表现为产品题材的集中化，游戏类型的雷同化。很多创作者被前人所谓的成功经验局限，创作思考过于匆忙，表达内容不够真挚，诸如此类的问题层出不穷。

实际上，大家并不是缺失创作技法，而是被限制在了创作技法当中，忘记了努力寻找自己要表达的东西。就好比对于一位技法纯熟的艺术家来说，怎么画已经不那么重要了，画什么才是其苦苦思考的东西。无论是作为一个合格的游戏创作者，还是作为面对市场的游戏产品设计师，别人都只会因为你的作品或者你的产品的价值而买单，因此，最棘手的问题是要找到表达的内容以及表达的方式。

以《纪念碑谷》为例 说说表达

《纪念碑谷》是由英国的 Ustwo 公司研发的让无数游戏设计师羡慕的一系列游戏作品。Ustwo 并不是一个游戏公司，而是一个应用软件设计的承接公司。它为很多大企业，比如索尼、H&M 等，提供设计方案与制作服务。所以，《纪念碑谷》是在一个设计公司诞生的。《纪念碑谷》的第一版游戏由 Ustwo 团队中的 8 个人共同研发了 10 个月左右，主导设计师是王友健（Ken Wong）。

不难看出，在第一版的游戏创作中，王友健受到了荷兰艺术家埃舍尔的作品的影响。王友健很喜欢埃舍尔的画作，他发现这些矛盾空间作品中的人物角色似乎都在努力地寻找通往目标的路径，这听起来完全就是一个很吸引人的游戏机制。

图 3-19　彭罗斯阶梯示意

彭罗斯阶梯是埃舍尔的作品和《纪念碑谷》都常用的元素。

有了这个源点后，设计师开始思考是否能够在游戏的物理空间与逻辑空间中实现这样一种"假象"。于是，他们使用彭罗斯三角[①]的矛盾空间制作了第一关卡，来验证想法的可行性。游戏的开发者通过锁定摄像机视角，扁平化摄像机透视的方法，实现了从特定角度看上去的矛盾空间。当然，如果只是要求"看上去"的矛盾空间，那么这个操作在现实物理空间中也能实现。具体怎么实现，感兴趣的读者可以去研究一下。但如果想让玩家角色真正地在矛盾空间里穿梭，那么就需要对角色的行进路线进行特殊切换的设计了。

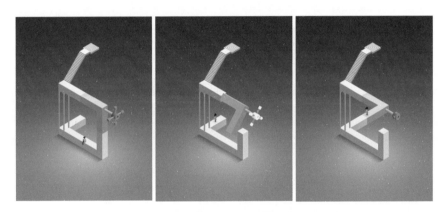

图 3-20 《纪念碑谷》游戏画面

《纪念碑谷》利用视错觉制造矛盾空间，连接原本不可能相通的道路。

在彭罗斯三角的关卡中，角色在走出三角的矛盾交接点时，其实已经是处于悬空的状态了，游戏设计师首先在角色的路线上安排了瞬

---

① 彭罗斯三角（Penrose triangle）是不可能的物体中的一种，最早由瑞典艺术家奥斯卡·雷乌特斯瓦德（Oscar Reutersvärd）在 1934 年制作。英国数学家罗杰·彭罗斯及其父亲也设计并推广此图案，并于 1958 年 2 月在《英国心理学月刊》上发表，称之为"最纯粹形式的不可能"。

间位移的触发点，由于视角中没有透视的影响，所以角色可以在观众的眼皮底下完全不被察觉地切换空间。通过这样的一系列操作，设计师们完成了自己的魔术表演。在完成了游戏的原型设计后，游戏设计团队开始考虑游戏的艺术设计与关卡设计。其实，《纪念碑谷》的很多玩家最初被吸引都是由于游戏唯美、极简的艺术设计风格。王友健本人对建筑设计非常痴迷，为了契合矛盾空间的游戏机制，他和团队一起梳理了很多具有超现实风格的建筑作参考。

图 3-21 《纪念碑谷》三角关卡的现实建筑参考 ①
位于西澳大利亚州东珀斯。

我们在《纪念碑谷》游戏的最终版本中，除了可以感受到很多异域风格的建筑体，还能感受到一种极简化的设计风格。游戏中的建筑装饰基本上都有其功能性，比如，插着棋子的瞭望塔是为了提示玩家最终的目标，建筑上的窗口是为了便于玩家分清楚几何体的面的朝向，圆圈阵列的装饰物是为了告诉玩家哪个可以移动，而一些看似没用的琐碎的装饰物，也是为了在游戏的建筑体态中，通过繁简的对比，让玩家轻松地判断出哪里是可行进的路径。

《纪念碑谷》游戏在发布后一年的时间里就卖出了两百多万份，

---

① 图片来自 Bjørn Christian Tørrissen，CC BY-SA 3.0，https://creativecommons.org/licenses/by-sa/3.0，通过维基共享资源。

并囊括了 2014 年苹果设计大奖及 2015 年 GDC 最佳设计奖在内的诸多奖项，可谓硕果累累。其实，通过矛盾空间这个机制去制作游戏的创意并不是由《纪念碑谷》的团队创造的，甚至可以说不是由任何设计师创造的，这个机制只是现实存在的人类视错觉的一个规律。在《纪念碑谷》之前，有很多艺术家关注矛盾空间这个领域，比如前面提到的埃舍尔。在游戏行业中，也有诸如《无限回廊》[①]这样的利用矛盾空间解谜的游戏前作。但 Ustwo 的设计师们，通过自己独特的视角和精致的表达重新演绎了矛盾空间这个机制，从而诞生了《纪念碑谷》这款现象级的手机游戏。

　　2017 年，我主持了《纪念碑谷 2》的创作团队的学校分享，制作人艾德里安·洛（Adrienne Law）分享了游戏的创作过程，以及在第二部作品中如何加入剧情的设计。演讲中，制作人围绕如何使用种种不同的语言或手段（例如角色设计、地图设计、玩法机制、视觉氛围等）来表达信息，做了非常精彩的分享，下面总结一些概要分享给大家：

　　✓ Ustwo 制作《纪念碑谷 2》的定位：在保留前代的基本玩法和美术风格的同时，加入新的故事元素。这意味着要通过游戏中与矛盾空间关联的系统机制辅助叙事。

　　✓ 故事原型的设定过程：最初制作团队尝试做成多个短篇故事的集合，每个小故事表达了不同的人物关系，这些不同关系的人物有不同的行为模式。也就是说，互动机制是区别独立的。但这个方案在团队中推进得比较困难，因为设计师们找不到那么多有趣的故事，很难达成共鸣。为了故事的连续性与完整性，制作人决定专注设定一个故事原型，并用"不同的行为模式"来讲述这个故事。有趣的是，《纪念碑谷 2》的制作团队中多为女性，所以制作一段母女关系的故事的提议得到了共鸣。

① 《无限回廊》是 SCEJ 公司开发的一款益智游戏，于 2008 年 03 月 19 日在中国香港发售。

✓ 通过游戏机制／玩法／行为模式合力叙事：故事的原型并不复杂，读者体验一下游戏便可以感知到。其中一对母女之间的关系，经历了几次变化，有这样几个阶段：（1）母女关系非常紧密的阶段，两个角色为一个整体，女儿一直跟随着母亲，寸步不离一起通关；（2）母女关系疏离阶段，母女两人开始走上不同的路线，但是玩家仍然只能控制母亲一人，女儿会尽可能地走到最靠近母亲的位置，即玩家通过控制母亲间接地控制女儿；（3）母亲交出控制权并跟随女儿，在这个阶段，玩家通过控制女儿来间接控制母亲；（4）母女互为独立的个体，玩家需要分别控制母亲或女儿。设计师们通过游戏机制这样的变化，表达了母女关系从亲密到分离。

✓ 从游戏核心机制外的其他方面，多方位、多角度地支撑并丰富故事，包括视觉氛围、色调的设计，音乐与音效的利用，以及通过地图与路线的设计来讲述故事，通过丰富母亲形象来塑造角色，通过修改故事的细节来强调主题。由于团队的创作目标很明确，其创作过程中的一切要素，都可以找到设计方向。

✓ 尽管游戏中大部分时候的故事讲述不依赖文字，但还是有少量的文字用来阐释更复杂的故事与情感。创作团队做出这个决定主要基于用户测试，很多玩过游戏的用户表示，在某些特定阶段对角色的特定行为感到难以理解。但这些文字对于游戏谜题不起决定性作用，即使没有这些文字，整个游戏流程仍然具有完整可读性。

✓ 制作人的总结：作为一款手游不要太依赖文字；创作者要多多关注游戏之外的内容，关注人与人之间、人与环境之间的联系；不要与最初设立的目标渐行渐远，做的过程中需要不断回望既定的主题，并删除不必要的细节。

3.4 创作者素养

虽然我们把观察、技法、表达分开来讲，但对于一个成熟的创作者，这几个元素是融于一体的。正如前面提到的认知理论，虽然我们把人类认知世界的过程逻辑化地拆分开来理解，但它们在实际事件中几乎是同时发生的。观察—技法—表达—观察—技法—表达，是一个无穷无尽的循环。创作者在感受到"源点"的一瞬间，他一定要能设想到用交互游戏的方式把它呈现出来是怎么样的体验；又或者当看到一个有趣的游戏机制时，创作者一定要能很快就想象到赋予其什么样的信息表层。所以，创作的源点和创作者的表达是一对同胞产物，创作者从世界获取了信息，加工之后再把信息送还给世界，这个输入与输出的过程，创作者要经常练习。

那么，什么是创作者最重要的素养？有没有所谓的天才创作者？我认为是没有的，或者说所有的天才创作者都有一个共同特征，那就是不知疲倦地面对世界去输入和输出信息。他们热爱世界，热爱周边生活中的一切细碎。这些细碎会表现为对某类事物的喜爱，对某个问题的钻研，对某些情感的执着。好的创作者，一定要关注创作之外；好的游戏人，一定要关注游戏之外。光会玩游戏或者谈论游戏，是不行的。一个人只有对世界充满好奇，充满敬畏与热爱，而又乐此不疲地用游戏表达自己看到的世界，那么他才算是一位有潜力的游戏创作者。

第四章 游戏与学习

4.1 游戏与学习的关系

在这一章里我想重点讲述一下游戏与学习的关系，研究游戏与学习的关系绝对不是为了给游戏增添光彩，或者所谓的"洗白"。通过前几章的内容，我们对于游戏的本质也有了基本认识，游戏是不需要我们为它洗白的，它是人们生活中不可或缺的必需品。而我们对于游戏与学习的研究，还是本着"重新认识游戏"的初衷，因为在针对游戏设计的研究中，研究学习理论的内容是最有启发和帮助的。

说到这可能很多读者会有疑问：游戏和学习怎么可能会有关系？在很多人看来游戏和学习难道不是相互影响的关系吗？恰恰相反，游戏和学习有着千丝万缕的联系。很多研究学习理论的心理学家，或者是研究人类认知发展过程的学者，都或多或少发现了游戏与学习之间的不谋而合。

建构主义大师、认知发展理论与发生认识论的天才学者让·皮亚杰[①]（Jean Piaget）认为，游戏是学习的重要环节，孩子们的成长不能离开游戏。皮亚杰很早就解释了孩子认识世界的过程与方法，提出了认知过程的一些重要概念：

---

① 让·皮亚杰（1896—1980），瑞士心理学家，专注于儿童认知发展理论以及教育事业。

图式（schema）：是孩子们在认识世界的过程中，收到来自外界的信息时，逐步构建而成的基本认知框架。我更愿意把它翻译成对于信息的"概念封装"，比如"猫""狗""山""水"等都属于我们对于世界的概念封装。这些图式封装了很多特征及信息。无数的图式或者说概念封装，给予了我们理解世界和解决问题的基础信息。

那么，在人类的大脑中，不计其数的图式是如何被获取到的呢？皮亚杰认为，图式是通过反复的同化与顺应慢慢积累形成的。

同化（assimilation）：是指使用已有图式去归纳、理解外界的信息。比如，把各种高低错落的地貌形状归结成"山"，或者把不同品种的狗归结到"狗"的图式中。当小孩子们知道了"牛"这个图式后，他们就能够把奶牛归结到牛的图式中，这就是同化。

顺应（accommodation）：是指在基于已有图式理解外界信息的过程中，遇到了不适应的图式，从而重新编辑了认知的图式及建立了新的图式，这样的过程被称为顺应。

在孩子们学习外界信息的过程中，他们会不断地验证信息与自身图式的匹配程度。皮亚杰认为，人们会不遗余力地去填补认知图式与外界信息之间的差异，也就是说，人们具有不断学习的内在动力。所以，当我们进行图式的同化并获得了正向的反馈时，这即是平衡状态（equilibrium）；但当我们发现原有图式验证失败时，我们也就进入了不平衡的状态，就会主动地对已有图式进行编辑适配，建立新的图式。这个反复进行同化和顺应的过程，其实与我们熟悉的游戏过程非常相似，是解决问题的过程。很多教育家依据皮亚杰的理论设计了很多有趣的小游戏，这些小游戏的目的是让孩子们更容易地接收信息，建立图式，比如，帮助孩子们识别小动物，理解长度、体积、尺度，等。

　　皮亚杰的认知发展理论影响了很多大师，西蒙·派珀特[①]（Seymour Papert）是这其中的代表者之一。派珀特结合皮亚杰的理论，致力于用新媒体的手段帮助孩子们进行学习。而有意思的是，他的产品几乎都类似于电子游戏或者机器人玩具。通过皮亚杰的理论，我们可以看到，人们试错、训练和成长的学习行为过程，非常近似游戏的过程。对这个领域的研究，也产出了很多游戏性非常强的产品或工具，可以说两者的重合度很高。

　　其实游戏和学习之间的联系，并不是一个全新的研究课题。很多历史上的哲人，还有专注在游戏领域的学者们，都表达过对游戏与学习之间的关联的看法。

> "最有效的一种教育形式就是孩子们在玩一些他们喜爱的事物。"
>
> ——柏拉图
>
> "玩是做研究的最高级形式。"
>
> ——爱因斯坦
>
> "几乎所有创造力都与带有目的的玩有关。"
>
> ——亚伯拉罕·马斯洛
>
> "玩，是关于所有新生事物如何诞生的答案。"
>
> ——让·皮亚杰
>
> "乐趣是学习行为的情感反应。"
>
> ——克里斯·克劳福德
>
> "游戏是为了帮助我们学习图式而建立的系统。"
>
> ——拉夫·科斯特

[①] 西蒙·派珀特（1928—2016），南非裔美国数学家、计算机科学家、教育家，其一生主要于美国麻省理工学院从事教育和研究工作，派珀特是早期人工智能的开拓者，也是 Lego 编程语言的联合设计者。

在现代心理学研究中，众多学者发表的论文也显示了玩电子游戏对于缓解焦虑、增加大脑认知反馈、缓解阿尔兹海默症可能有积极的影响。我们可以通过一张示意图，生动地展示出"学习"与"游戏"二者的关系。在图中，学习并不是完全包含游戏的，二者是一个交集的关系，这是因为游戏的范畴也有超出学习的部分。我们可以通过对于游戏本体与学习的对照解析，来看看游戏与学习之间哪里是交集，哪里不是。

图 4-1 "学习"与"游戏"的关系

4.1.1 游戏的自愿性：有趣与无趣，主动与被动

学习理论中与游戏重合度比较高的领域是问题的解决与模拟训练，也就是类似不断同化与顺应的过程。而游戏非常重要的一个特征，是游戏能够吸引玩家自愿参与，也就是要在解决问题前面加上"有趣"两个字，游戏行为是解决一系列有趣问题的过程。关于这个内容，本书第一章、第三章的小节都有阐述，重点说明了人会参与到一个事件的内在动力。在学习的范畴中，人们对于很多信息的接受、

很多问题的解决、很多挑战的攻克是不具有参与的主动性的，而是一种受约束的，或者是迫于生活需要的行为。这类不具备主动性的行为可能属于学习的范畴，但是显然不属于游戏的范畴。换一个角度来理解，我们在学习中遇到很多问题，其中有趣的难题、有趣的挑战都可以是游戏。就解决问题而言，学习包含了游戏。

4.1.2　游戏的封闭性：训练与实践的界限

学习的方式、方法有很多，前文说到问题的解决是学习与游戏重合的领域，这其中能够吸引人主动参与的内容、更贴近游戏的内容，有着一个好游戏的胚子，但并不是所有有趣的问题都必须是游戏。游戏必须符合其自身的另一个特征——封闭性，也就是它有自身的行为限定。这圈定了游戏行为的范围，游戏与游戏外的世界是有明确的界限的。

比如一些男孩子，很喜欢敲邻居的门，然后等到人家来开门时跑掉。这个行为当然是他主动参与的，所以对于男孩子来说，这个行为具有一定的游戏性，但是对于邻居来说，显然这对其现实的生活是一种打扰，所以，这种行为突破了游戏的范畴。再举一个例子，在美国发展早期，亟待对中西部进行"开疆拓土"，很多小城镇基本都是形成了居民委员会的自治。在这种历史原因下，美国产生了所谓的西部牛仔的"对决"——如果是在双方同意的情况下，互相拔枪对射，那么杀人者是不需要对杀人负责的。在某种程度上，我们可以把这理解成一个封闭的"游戏"规则，双方都认同了"参与游戏"的代价，所以对于参与这个行为的两位牛仔，这种行为是具有游戏性的，甚至这样的对决发展到后来，非常具有游戏的仪式感。但是牛仔们如果并没有同意生死相搏，或者对决的过程中误伤了观众，那这就突破了游戏的封闭性。

游戏的封闭性有很多种体现，可以是规则的体现，也可以是媒介的体现。电子游戏的封闭性就是天然的，在计算机媒介中自然而然地形成了虚拟内容与真实内容的屏障。游戏中的封闭性在学习中恰恰不存在，学习正是需要不断地突破这些边界，把知识、策略应用到现实社会中。

在人类克服诱人的挑战、解决有趣的问题的过程中，很多行为是突破游戏的边界的。比如，为了推动人类进步，很多科研实验是非常有趣的，但实现过程可能涉及对环境或者对于被试生命体的伤害，这显然就突破了游戏的边界。但如果把这些有趣的实验做成了计算机软件，在虚拟世界中进行，那么这些实验就可以称之为游戏内容了。同样的道理，扑克牌、麻将也都属于游戏的范畴，但如果一个人玩牌纯粹是为了赚钱，或者输光了家当还不停手，那就是赌博了。但如果把棋牌游戏电子化，或者阻隔其与真实货币的连接，那它就还是游戏。

4.1.3　游戏的不确定性：上帝到底掷不掷骰子

学习中的同化与顺应过程，是为了不断地精细化编辑自身的图式，使图式更加丰富并更为有效。但在游戏中，解决问题也好，克服挑战也好，"有趣"是一个必要的前提条件。这个"有趣"一部分来自于使自己的技能、信息更加丰富而获得的快感，还有一部分是来自于不确定性。

到底什么是不确定性？提到不确定性，大家很容易联想到扔硬币、投掷骰子等行为，因为这些活动的结果给人们的感觉是纯粹随机的。但实际上，很多纯粹随机的事件也有其自身的图式。拿扔硬币来说，根据斯坦福大学与圣克鲁兹加州大学的三位教授的研究发现，如果是用手弹出硬币，那么结果并不是完全的五五开，而是更倾向于出现硬币的初始面。更重要的是，教授们对硬币弹出的这个过程进行了拆解，把它分为了弹射速度及翻转次数，用高速摄影机对这两个参数实施拍摄观测并进行数据分析。[①]

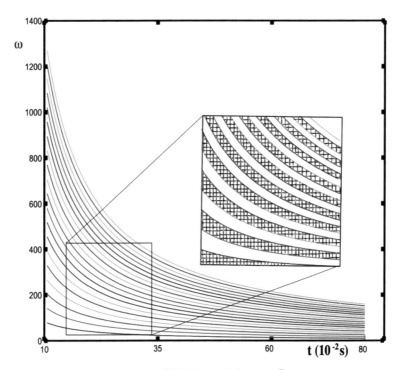

图 4-2　弹射速度及翻转次数区间 [②]

① 　Diaconis, P., Holmes, S., & Montgomery, R. (2007). "Dynamical Bias in the Coin Toss." *SIAM Review, 49*(2), pp.211-235.

② 　资料来源：Diaconis, P., Holmes, S., & Montgomery, R. (2007). "Dynamical Bias in the Coin Toss." *SIAM Review*, 49(2), pp.211-235.

在数据分析的坐标中，Y轴代表翻转次数，X轴代表弹射速度，专家们根据硬币初始的翻转速度和弹射速度组合数据统计，在坐标中得出了结果曲线区间。也就说，根据硬币的初始状态，可以预判其最终的结果。实验表明，这个判断方法的正确率趋近100%。由此可见，所谓的随机性或者说不确定性，并不一定是真的随机性，而有可能是由于事件的可能性过多，我们因此无法在第一时间预估结果，从而产生了一种随机的感受，如果给予我们足够的时间去观测和统计，其结果完全是可控的。这也许是游戏中的不确定性最吸引人的地方。

在一款有趣的游戏中，短期的不确定性通常是给玩家以希望的，似乎总有一些蛛丝马迹提示我们可以去做出下一步的判断。比如，在扔硬币的过程中，正面已经出现10次了，下一次会不会是背面？玩扑克牌时，只剩下了10张牌，这时出现黑桃A的概率是不是大幅提升了？玩家对这样的错觉有无限的参与动力，主要是玩家把它看成了一个超高难度的挑战，一旦攻克，就会获得解决问题之后的积极情绪反馈。也就是说，玩家对游戏中那些短时间内无法判断、很难获得的成果，或者说能证明自身具有某种力量的行为，具有很强的挑战动力，玩家对于不确定性的探索就是对于控制巨量可能性的向往。

浙江大学实验社会科学实验室的研究员王志坚博士发表了一篇论文，认真调研石头剪刀布到底有没有策略。这个实验招募了360名学生，学生们一起进行2个小时的石头剪刀布游戏，同时研究者对此进行记录分析，结果发现玩家的两个特点：

✓ 赢家比较惯于继续使用已经赢过的手势。

> ✓ 输家比较惯于立刻变化手势。
>
> 这个分析结论简称"胜留输变"。基于这个分析结果，石头剪刀布确实有一个最优策略，那就是，当你输的时候，由于对方惯于不变换手势，因而你变化为剩下的那个手势的胜算就比较高；或者当你赢的时候，由于对方惯于马上变换手势，所以你出对方输时使用的手势，胜算就比较高。

说到这里，大家会发现前面提到的这些人们对于不确定性的研究和分析所得出的最优策略，都是建立在大规模的测算结果上。这些最优策略的探寻，仅仅凭借沉浸在游戏中反复试验是没法梳理出来的，需要跳出游戏，在数学、心理学或者博弈论领域下功夫才能够探寻一二。分析游戏中的不确定性是需要游戏之外的知识的，因而也是有一定门槛的。玩家如果是第一次接触这样的不确定事件，面对其巨大的数量基数，会认为赢的机会是趋近 50%。另外，无论是扔硬币、掷骰子还是石头剪刀布，都是人与人之间的对决，而当人与计算机对决时，那就是面对一行代码、一个程序机制，是纯粹的随机性，那就没有所谓的最优策略问题了。

所以，一个游戏中蕴含的不确定性是其趣味性的重要来源，可以促使玩家参与到游戏中，但不确定性不一定是需要学习的部分，因为很多不确定性玩家在游戏规则内是无法掌握的。以王志坚博士的这篇论文为例，玩石头剪刀布这个游戏是其研究的重要组成部分，是其获取数据的方式，基于对游戏行为数据的系统性分析，该研究才能够将一个有趣的结果呈现给世界。所以，在某种程度上，我们可以说，局限在游戏范围内的不确定性特征，对于沉溺在其中反复执行的游戏玩家来说，已经不属于学习的范畴，而成了一种纯粹的乐趣的来源，这种不确定性至少是触及了学习范畴的边缘，它是推动游戏超出学习范畴的一根稻草。

最后我尝试在这里总结一下游戏与学习的关系。首先，游戏行为是学习行为的一个子集，是一个同化与顺应的过程，是"有趣"问题的解决过程。其次，游戏中的行为是独立的、封闭的，是不对游戏界限之外的世界产生影响的，所以是一个"诱人"的类模拟的训练过程。最后，需要注意的是游戏中的不确定性，有一部分不确定性是可以学习的，而有一部分不确定性超出了游戏行为，是无法学习的，那么这类超越规则无法学习的随机性，就是在学习动能基础之上，所派生出来的享乐的部分。

4.2　经典学习理论与游戏设计

通过上一章的内容，我们分析了游戏与学习的关系，认识到二者之间的交集关系。这是一个很有实践意义的认知。因为既然游戏行为和学习行为之间有着紧密的联系，那么经典的学习理论对游戏设计理论就同样具有一定的参考意义。换句话说，切入游戏设计的角度可以做一个变化，从制作一个有趣的内容转化为教给玩家一个有趣的内容。玩家是内容的参与者，是问题的解决者，而游戏设计师则像一位导师，整个游戏应该是一次有趣的教学设计，教案的设计就是游戏的框架设计，教学进程安排即是游戏的关卡或流程设计。

那么，将游戏设计理论与学习理论关联起来，我们可以从经典的教学设计研究理论中吸取给养。《学习的条件和教学论》的作者，著名的信息加工心理学家加涅 [①]，在吸收了建构主义心理学思想的基础上，逐步形成了一套可以完善揭示学习过程与教学过程的理论。加涅提出了五种学习结果和九段式教学方法。

> 加涅提出的五种学习结果：
>
> （1）言语信息，告知信息或表达信息。（个人能力，陈述性知识）
>
> （2）智慧技能，使符号应用成为可能的性能，比如数学、语法等等。（个人能力，程序性知识）
>
> （3）认知策略，是学习者用以调控自己注意、学习、记忆和思维等内部过程的技能。（个人能力，策略性知识，是一种较为特殊的程序性知识）
>
> （4）动作技能。（个人能力，程序性知识）
>
> （5）态度，影响个体行为选择的内部状态。（知识、情感、行为倾向）

这五种教学结果是加涅基于他自己之前提出的八类学习内容 [②] 逐渐修订总结而成的。五种学习结果包括了三个大的领域，**认知、情感和动作**。我在第二章提出，从创作的角度可以将游戏分为技能挑战和信息表达两个方向，便于设计师找到清晰的目标进行创作。依据这一章的学习理论，设计师们可以从认知、情感、动作三大方向切入来解析游戏，这有助于安排游戏中的学习设计。这个学习设计，可以为游戏的问题设计、进度设计或者叫关卡设计提供很好的理论依据。这三大领域和五种教学结果，投射到游戏设计理论中，全面涵盖了游戏设计师能够向玩家提出的"有趣问题"的类型，可以辅助早期的立项过

---

① R. M. 加涅（Robert Mills Gagne, 1916—2002），美国教育心理学家，在学习理论方面有卓越的贡献。

② 信号学习；刺激 - 反应学习；连锁学习；言语联想；辨别学习；概念学习；规则学习；问题解决。

程，帮助创作者找到清晰的游戏设计路径。这里我们抽取几个典型的游戏匹配加涅的五种学习结果，下面用图表进行呈现：

表 4-1 典型的游戏与加涅的五种学习结果之间的匹配关系

目标游戏	言语信息	智慧技能	认知策略	动作技能	态度
连连看		√			
成语接龙	√	√			
《星际争霸》		√	√	√ *	√ *
高尔夫球		√	√	√	√ *
围棋		√	√		√ *
《这是我的战争》		√	√		√ *

*《星际争霸》作为一款即时战略游戏，玩家需要挑战在有限时间内进行尽可能多的微操作（也就是"拼手速"），例如职业玩家可以达到300APM（Actions Per Minute，每分钟操作次数）的极限手速，这也是一种对动作技能的考验。同时，《星际争霸》、高尔夫、围棋等游戏能够培养玩家的竞技态度，而《这是我的战争》这类叙事性游戏则能从一定程度上改变玩家对战争的看法。

从结果可以看出来，智慧技能是一个游戏中通常会存在的有趣问题，尤其到了电子游戏时代更为明显。这一点并不奇怪，因为智慧技能也是我们的生活与工作所必需的，到了电子游戏时代，玩家更是要靠鼠标和键盘的输入模式去还原很多其他类型的技能，比如用键鼠去玩《FIFA》。根据加涅的理论，智慧技能可以继续细化分类，从简单到复杂，可以分为四个层次：

（1）辨别：即区分差异的能力；

（2）概念：即对同类事物共同本质特征的认识，可以做出分类选择；

（3）规则：技能的本质就是规则，规则支配了人的行为；

（4）高级规则：由许多规则构成的复杂结构规则。

那么，我们结合智慧技能的层级来分析一些典型的游戏，如下表所示。随着游戏复杂度的提高，游戏中包含的技能的层级也越来越高，高级规则不是所有游戏都具有的有趣问题。我们可以发现，这些经典的游戏设计，其学习结果会主要集中在两类（见表 4-1），而智慧技能学习会主要集中在一个层级（见表 4-2）。比如，从表 4-2 中，我们可以看到，只有《星际争霸》算需要的智慧技能层级相对多的游戏，其他游戏包括围棋在内，对玩家智慧技能的挑战也都还是比较集中的。

表 4-2 典型的游戏智慧技能层级

目标游戏	辨别	概念	规则	高级规则
连连看	√集中	非常少	非常少	无
成语接龙	非常少	√集中	非常少	无
围棋	非常少	非常少	中等	√集中
扑克牌	非常少	非常少	√集中	中等
星际争霸	中等	中等	√集中	√集中

在加涅的理论中，如果想使学习达到学习效果，需要为学习者提供内外部学习条件。也就是说，我们需要考虑两个方面，一个方面是学习结果的类型，另一方面是达到每类学习结果所需的学习条件[1]。一

---

[1] 假定教学任务是计算一个立方体的体积，参考加涅的学习结果分类，该教学任务属于智慧技能中的规则学习。那么，弄清楚立方体的体积大小，需要具备特定的学习条件，这些前提条件就是对构成规则的基础概念的先行掌握，而概念学习的前提条件又是知觉辨别。这样我们就自然地推导出来关于立方体的学习过程：首先是通过辨别概括出立方体的概念和长宽高的概念，在此基础上最好通过实体演示（知觉辨别），理解体积与长宽高之间的关联，得到立方体体积的计算公式（即规则）：体积＝长 × 宽 × 高。

类学习效果通常需要多个学习条件，多类学习效果或多层次的技能学习，会使得学习条件的数量骤增。

这使我们更容易理解为什么这些经典游戏大多集中在一两种学习内容上。当学习效果的要求比较单一的时候，设计师能够给玩家创造有趣的学习条件；但当学习效果的要求比较复杂、多层次的时候，设计师就可能力不从心了，设计目标也变得模糊不清了。可见在游戏设计的过程中，问题挑战的设置应该尽量聚焦，至少要阶段性地聚焦。如果设置多个类型、多个层次的挑战与考验，玩家的学习成本会大大提高，玩家甚至会丧失兴趣，进而使游戏失去受众。

游戏设计师经常容易犯的错误就是，为一个简单的小游戏设立了过多的学习类型与层次，游戏过程中玩家既要学习很多概念，同时又需要认知高级规则，甚至还会有动作技能的挑战。解决的问题不够集中，会直接导致玩家的学习成本大幅度提高，玩家因而没有达到有效的学习，放弃了游戏。还有一种情况是，游戏的交互体验设计在无意间给玩家增添了很多学习成本，比如按钮的功能或样式，颜色的导示等等。这些界面与交互体验的设计质量，也会直接影响玩家的学习成本。

人们对游戏的认识可能有一个误区，认为游戏天然地具备吸引力、是一个很容易让人上瘾的东西。其实并非如此，如果我们站在一个游戏设计者的角度思考这件事，会发现游戏远没有人们想象的那么容易具备吸引力，想设计出"让人上瘾"的游戏更非易事。事实上，比起生活中的其他事务，游戏是目的"缺失"的。比如学习一门外语，我们通常认为是比游戏枯燥得多的内容，事实可能也确实如此，学习外语对于很多人是枯燥的。但是，学会了一门外语是有实实在在的用途的，而这一用途是吸引人的。比如想出国读书，那外语当然是必备条件；又或者想当一名外交官，那外语就是你的看家本领。所以对于需要外语的人来说，其参与学习的动力会非常强。而游戏呢？大部分情况下玩家玩游戏的唯一目的是"有趣"，有时甚至只是为了"打发时间"，这种"有趣"和"打发时间"的目的具有模糊性，与学习外语这类具有明确目的的事务相比，其吸引力实际上是非常弱的——当然，电子竞技选手或游戏从业者等不在此讨论范围。所以，游戏需要在这种目的相对"缺失"的情况下，去吸引玩家花时间在你的产品上，甚至使玩家在游戏之后获得情感共鸣，这要求游戏产品自身的容错率非常低，这才是游戏的天然属性。

这里要补充的一点是，即使假定同样在"不以获得对生活上的实际帮助为目的"和"仅供娱乐消遣"的前提下，游戏和电影、动漫、小说等其他形式的媒介相比，也仍然有其特殊性。后者的受众群体更多的还是扮演观者、接受者的角色，而游戏是需要玩家实际参与进去的，其所要耗费的精力成本是很高的，这也导致了想保证玩家能自愿持续地停留在我们设计出的游戏世界中是很困难的，游戏的玩家其实是非常容易流失的。

因此，把设计游戏看成对玩家的悉心教学，依据学习理论细致地分析要抛给玩家的问题，对于游戏设计早期的立项阶段会非常有帮助。

那么，如何对玩家进行无微不至的"教学"？加涅除了对学习结果进行了详细的分类阐述，还根据信息加工理论提出了一个广泛认可的学习与记忆信息的模型，并据此设计了一个教学方法——九段式教学法。对应学习的过程，加涅把完整的教学过程分为如下九个阶段：

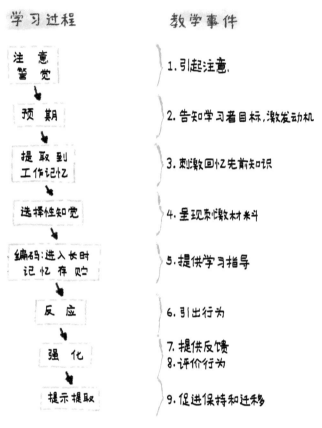

图4-3 九段式教学[①]

加涅的九段式教学模型是一个指导性的原理，在教育以及一些交叉领域比较受用，但在游戏设计领域缺乏过往的应用案例。我认为，基于游戏与学习的关系，成熟的教学设计方法对游戏设计方法是有指导性意义的，下面我将二者通过图表关联起来，看看哪些是对游戏设计有指引作用的内容。

---

① 资料来源：R. M. 加涅（1985）.《学习的条件和教学论》. 皮连生，王映学，郑葳等，译. 上海：华东师范大学出版社。

表 4–3 教学设计方法与游戏设计方法关联表

应用阶段	教学	游戏
吸引注意	主要分为两种： 1. 警觉性功能，通过各类手段使学习者进入准备接受刺激的状态，比如音量的突变。 2. 选择性知觉，强调呈现刺激的区别特征。比如加粗字体、箭头或引导性图形等等。	三个维度： 1. 产品维度的吸引注意，整体游戏的视听交互效果。 2. 游戏玩法设计维度所导致的学习难点的处理，比如在一个游戏进程、一个挑战、一个谜题之前的警示与提示。 3. 交互体验方面的警示与提示。 * 相比教学，游戏这种媒介，更具备吸引注意力的属性。
告知目标	告知目标是典型的预期管理手段，建立适当的预期，用各种方法明确地传达出未来的学习成果。例如，教师每次上课都明确告知学生当天的学习目标，以及整个课程的学习目标。	管理玩家的预期： 1. 玩家在游戏中需要具有明确的长期、中期、短期目标。 2. 有别于教学，游戏中的目标可以更加隐晦，不一定需要在说明书或新手引导中明确地告知玩家，设计师可以利用故事或交互体验，引导玩家感受到游戏的目标。 * 在游戏中，缺失目标是玩家流失的重要原因之一。
刺激回忆先前知识	教学中为了达成特定的学习目标，需要引导学习者，从长时记忆中提取已经掌握的从属技能，也就是必要的学习条件，将其运用到当下的学习工作中。例如，学习如何运算立方体的体积，需要提取加减乘除的基础知识，以及对于长宽高概念的理解。	刺激回忆，对游戏设计的启发： 1. 就产品整体的结构而言，它提示了设计师应该渐进式地推进游戏进程，游戏关卡的设计应该具有复习模块。 2. 就玩家自身技能的掌握而言，也应该是对应的渐进式学习，比如学习 B 技能时，应该复习之前的 A 技能，学习 C 技能时，应该同时复习 A 技能和 B 技能。

续表

应用阶段	教学	游戏
呈现教材	这部分是我们理解的常规教学的部分，就是以清晰和富有特色的方式呈现教学内容，比如加粗字体、声情并茂地讲解等等，目的是强化学习内容的特征，确保学习者获得选择性知觉。	在呈现教材时，游戏媒介具有矛盾性： 1. 电子游戏媒介是具有优势的，可以利用多媒体更好地还原学习内容。 * 微软的《模拟飞行》，据说可以用来考评真实的飞行水平，其拟真程度使得玩家在游戏中的表现基本等同于在现实中的表现。所以，从媒介的角度来说，电子游戏具有很好的教材呈现优势。 2. 另一方面，游戏中直白地呈现教材又是最令玩家反感的方式。因为玩家进入游戏的目的，不是去学习，所以类似说明书和新手引导等直接的教材呈现，是容易造成玩家流失的环节。
提供学习指导[1]	知识的编码[2]过程，以"问题+表象"的编码方式指导学习： 1. 提出编码方案，有效的学习是伴随着指导性的提示（prompting）进行的，不需要长篇大论的说明。引发学习者发现编码的方案，往往不是提供直接的答案，而是以问题的形式	其实有趣的游戏就是有效的编码过程： 1. 学习中的问题相当于游戏中设计师给玩家提出的有趣问题； ✓ 比如，在教学中，应尽量通过结构化的提示引导学习者萌发对知识的理解与思辨，减少用文字直接阐述的方式。而在游戏中，玩家面对的矛盾（比如谜题、挑战）都是有趣的问题。设计师应该强化游戏的优势，利用问题去引导玩家。

[1] 这里说的学习指导并不是"教学"，而是萌发（加涅的用词是 mathemagenic），是一种提示性的指导，告诉学习者在特定时刻应该做什么。

[2] 从学习理论看，编码是信息离开短时记忆进入长时记忆的过程。编码的形式非常多样，可以是有意义的言语单元（句子）或更为综合性的单元的形式，例如表格、空间矩阵、轮廓图、表象或所学信息的图片等。研究表明，长时记忆是永久性的，可能会因为各种原因无法提取，但不会随时间流失。

续表

应用阶段	教学	游戏
提供学习指导	引导[①]。 2. 利用表象编码，使用图片、图标、示意图、流程图等方式表征规则、定义、概念信息的集合。	2. 相比教学，游戏的整个设计就是典型的表象编码，甚至是交互动态的表象编码。 ✓ 教学活动多鼓励教师使用图标、示意图、流程图等来表象编码。在游戏中，信息的呈现本身就具有可视化、流程化、结构化的属性。设计师同样要加强这种方式。 * 可以说"问题＋表象"本身就是一种游戏语言，可以帮助学习者将信息有效地贮存到长时记忆中。好的游戏设计师一定要强化其自身的语言，这对游戏设计具有很大的指导意义。
引出作业	将已经习得的行为引发出来，获得学习者的行为表现。要创造条件，让学习者有机会应用新技能。	引出作业，也是一种典型的游戏语言。如果把游戏玩家看成是学习者，那么玩家在游戏中其实一直在作业。比如在网络游戏中，任务系统就是这方面的一个很好的体现。由任务系统引导游戏的进程是一个绝妙的发明。好的游戏设计师会很巧妙地给玩家安排作业，要注意作业中所应用到的技能不要超纲，可以根据前五项，将之控制在一个合理的、玩家可接受的范围内。

---

① R. M. 加涅（1985）.《学习的条件和教学论》. 皮连生，王映学，郑葳等，译. 上海：华东师范大学出版社：318.

续表

应用阶段	教学	游戏
提供反馈	提供关于行为表现的即时反馈，如点头、微笑、给予表扬等等。这个反馈既可以是来自于外部的确认，也可以是学习者自身的确认。	游戏中的反馈的重要性，本书第三章（3.2.7）有相关的描述。
评估作业	测量行为表现，给予具体的量化评价标准。	针对玩家作业的量化评估，这体现在游戏中的关卡结算界面，或者一场战斗的评价体系，等等。
促进保持与迁移	安排练习，提供同类型但不同应用的情景，使学习者在不断的作业、反馈和评估中强化获取信息，促进信息的提取与迁移。	针对玩家关键技能的反复强化，创造变化的应用情景，比如使用不同的关卡，挑战玩家重复的技能，不断地重复前面八个步骤，强化玩家的信息获取成就感。

关于这个九段式教学法，加涅强调并不是每一个环节都必须要出现，而要根据学生掌握的情况而定。如果学习内容已经引起了学生的注意，或者学生记忆很好，不需要反复回忆原有知识，则非必要的步骤都可以省略。教师可以根据学生的状态，针对性地拿出必要的阶段来进行教学，也就是说，这个九段式教学法是一个纲要性的指导，是框架性的"降龙十八掌"，具体在什么时候出哪一掌就需要视情况而定了。九段式教学法应用到游戏设计中，也是同样的道理，不是每个环节在每次教学中都要一一履行，而是需要游戏设计者在熟练掌握这其中的原理后，根据玩家的具体情况择优去劣地选择性应用。

那么到此为止，我们将加涅的五种学习结果与九段式教学法和游戏设计的流程做了陈列式的对比。我们确实可以看到学习理论和游戏设计理论之间很多要素的吻合，也获得了成熟的学习理论给予游戏设计理论的很多启发。这种紧密的联系，是必然的，也一定程度上印证了游戏与学习训练的高度重合。

4.3 学习理论对游戏设计的启发

首先，理解这章内容的前提条件是理解本书对于游戏的定位：游戏是一系列有趣的问题，玩游戏是解决一系列有趣的问题。而玩家的游戏体验过程，是一系列自愿的编码与强化过程，属于一种学习过程。其次，需要强调，该理论主要基于学习理论生发而成，所以其对游戏流程设计、游戏关卡设计、游戏体验设计的帮助是最大的，而对游戏创作、游戏博弈这两个游戏设计中的重要领域则是完全无法覆盖的。[①]

如果游戏是一系列有趣的问题，我们可以把游戏创作理论看作是"如何找到一系列有趣的问题"，是游戏设计的发现阶段；游戏设计理论是如何提出"一系列有趣问题"，是问题的组织、运作和呈现过程；而游戏博弈理论则是设计师提出的一系列无限问题，玩家要应对问题持续的动态变化并找到解决策略。所以，基于这样的理解，本书的设计方法部分不讨论问题是如何出现的，也不讨论无限问题，而是聚焦于"有趣问题"的组织与呈现。我会提出几个要点，这些要点还是会和学习理论一一对应。

---

① 关于游戏创作，本书第二章有相关的介绍，它更多是游戏设计最初的创意诞生的过程，和观察方法、思考方式的相关理论联系紧密。而游戏博弈是玩家与玩家之间或玩家与电脑智能之间的对抗行为，与博弈理论紧密相关，本书并未涉及。

4.3.1　学习目标明确 = 玩家感受目标明确

正如我们在第三章中讨论过的，游戏的要素可以分成信息表达与技能挑战两个大的类别。所以在我们找到了一个有趣的问题之后，下一步是需要把它转化为一款游戏，此时需要思考的是，这个问题更适合采用信息表达的角度还是技能挑战的角度。在学习理论中，设立学习目标与其类似，学习目标要进行明确的拆解。加涅的学习理论把五种学习结果（言语信息、智慧技能、认知策略、动作技能、态度）的目标归类为三个大的方向——动作、认知、情感。

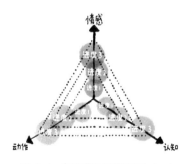

图 4-4　加涅学习理论图示（一）

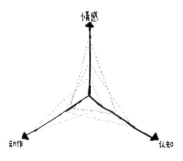

图 4-5　加涅学习理论图示（二）

　　人们即使在目的性比较强的学习过程中，同时进行这三个方向的学习也是很困难的，更不要说是在目的"缺失"的游戏中。认知、动作、情感这三个方向是有一定的互斥作用的，复合的学习类型会导致所需的学习条件过于庞杂，从而导致低效的学习过程。以开车这件事情为例，驾驶是一个典型的复合技能挑战，尤其是手动挡的车辆，需要手脚的连续动作配合，同时还需要驾驶员观察路况，判断与其他车辆的动态位置关系。所以在短时间内学习驾驶的难度比较高，驾驶技能需要慢慢熟练才行。这也是为什么赛车游戏很少让玩家手脚并行操作，通常设计师都会省略脚部的动作或者换挡等其他操作，而是让玩家专注在对方向盘的控制上。

　　所以在立项之初，要让游戏的问题尽量地集中在一个维度上（如图4-4所示），如果把游戏中的学习内容分布在一个三向的坐标上，游戏进度的推进应该是在单一维度越来越深，可以有一定偏差，但其所覆盖的范围应该是一个尖锐的三角形，避免出现又大又正的三角形。例如：

　　　　任天堂 Wii 系列家庭游戏的主要目标是动作，其次是认知。
　　　　《文明》系列游戏的目标是认知，其次是情感。
　　　　FPS 类游戏大多数的目标都是动作，其次是认知。
　　　　……

　　所以，游戏目标的设立一定要具有主导方向，可以有一些辅助的小目标，但游戏的核心问题应该是相对单一的、纯粹的。这里并不是说要在游戏设计中绝对禁止多维的目标，如果一定要做多维的目标，那么设计者就要有心理准备，预想到它会给玩家的理解带来的困扰，以及后续呈现这个游戏问题会遇到的困难。

4.3.2 学习技能的结构 = 游戏的挑战结构

本书第三章提到了米哈利教授的心流理论，这是一个在游戏行业被广泛认知与应用的理论，告诉了设计师难度与情绪的关系。米哈利教授给出了一些进入心流状态的具体方法，其中对于难度标准有明确的数值，人们在挑战高于自身能力 10%—15% 的任务时是最开心的，最容易进入心流状态，过难或过于简单都会使人无法进入心流状态。虽然我们知道了这个原理，但是面对一个谜题或者一个挑战的设计时，如何才算是难，如何又算是简单，我们并没有清晰的衡定规则。在实际的游戏设计应用中，大多数情况下我们还是只能靠感受去辨别（虽然这也是很重要的一种途径）。

那么，在设计谜题与挑战的难度衡定上，能否找到一种测算的参考基准呢？前面提到了加涅对于学习结果的分类和分层，在这里我们可以试着将本章的学习理论简化，使其适应游戏中的谜题和挑战。从难度设定的角度来说，我们先不考虑难以量化的情感类型的学习，这样就是剩下了认知与动作。在认知维度，加涅将其分成了三个大的类型，以及四个层级。这对于游戏设计来说，不利于设计师清晰地判断难度。所以我们简化处理，把认知技能分为三个层级：

表 4-4　认知技能的三个层级

层级	内容	集中应用的游戏
辨别与记忆	是基本图式建立的非此即彼的认知过程。比如，在扑克中，Q 比 J 大。	《大家来找茬》、消除类游戏等。

续表

层级	内容	集中应用的游戏
基础规则	形成了基础的互相关联的规则系统。比如扑克的一种玩法，一个循环牵制的系统。	扑克、《节奏大师》、横版过关等。
高级规则	形成了多个互相关联的复杂规则系统群，包括由于对抗带来的动态系统变化。比如，大型网络游戏中，复杂的系统群；或在围棋中，每一次玩家操作，带来的局势变化。高级规则一定会触发玩家的认知策略的抉择，触发玩家解决问题的策略方法。	围棋、《星际争霸》等。

在动作方面，加涅也做出了学习结果的分类分层：精细动作、大肌肉动作、不连贯动作、连贯闭环动作、连贯开放动作。同样的道理，这对于游戏来说有些复杂、不清晰，不便于设计师去判断难度。所以我们简化处理，把动作技能也分为三个层级：

表 4-5　动作技能的三个层级

层级	内容	集中应用的游戏
不连续单一动作	对于游戏中基础规则的反应，通常比较短促且单一。	跳绳、打地鼠等。
连续闭环动作	要求玩家自身完成一系列动作进行协调。	跑步、游泳，或者键盘鼠标的系列操作。
连续开放动作	要求玩家针对外界的变化，做出一系列组合动作或复杂的反馈。	比如篮球、网球、高尔夫球等球类运动。

据此，认知技能和动作技能分别具有三个递进的难度层级。那是不是说，辨别就是最简单的认知技能，高级规则就是最难的认知技能呢？其实在实际应用中，还有两个要素影响着谜题的难度：参照体与不确定性。

参照体：难和简单是相对于对象而言的。比如说出一个汽车的牌子，对于 5 岁的孩子来说可能很简单，但对于 2 岁的宝宝就有难度了。

不确定性：在电子游戏中，不确定性是会增加难度的。前文提到，不确定性其实是一种巨量可能性的表现，所以这类随机性比较强的游戏会令人感到苦恼。比如《掘地求生》(*Getting Over It with Bennett Foddy*)[①] 这款游戏，玩家挥舞着锤头翻越各种地形，虽然在认知维度和动作维度这款游戏的难度都属于中级，但由于其不确定性很强，所以导致难度令人发指。除了考虑客观的难度，我们还要理解玩家的主观难度感受。在本章第一节的内容里，我阐述了游戏与学习的关系，其中说到了游戏的目的"缺失"的特征，游戏是靠玩家自主来参与的。但是，如果我们抛开游戏中的规则与高级规则，那么我们会发现辨别与概念这两部分是在游戏范畴之外的，与带有目的性的学习没有任何区别。但试想如果是为了解决一个有趣的问题而学习一个概念，那这与单纯地学习一个概念，在动力上会有区别，体验上也会有差别。人在短时的学习中，能够接受的信息是非常有限的。美国心理学家乔治·米勒（George Miller）在论文中提出了一个"神奇的数字"（magic number）的概念，人的短时记忆大概是 2—7 个概念，并且只能保存 18 秒。7 个以上的新概念，对于玩家来说接受起来很困难，而且很容易遗忘。如果游戏设计师不负责任地抛给玩家一大堆辨别与记忆层级的任务，那就很有可能使游戏失去了趣味性。这也是为什么像"三国""西游"这样的不需要玩家去接受大量新的信息的故事题材，非常受游戏设计师欢迎。

关于玩家的主观难度感受，要解决这一点，设计师可以参照学

---

① 制作人为贝内特·福迪。

习理论中教学方法的第五步，用"问题＋表象"的思路，来推进游戏中的信息传达。尽量先通过有趣的机制引起玩家的兴趣，或引导玩家沉浸。尽量不要将新的信息和新的规则这两个层级一并传递给玩家，这一点也很好地印证了本书第二章中提出的信息表达与技能挑战之间的互斥。

本节讲到这里做个小小的总结，帮助大家梳理一下游戏中的难度控制：

（1）可以将游戏中的挑战分为三层认知技能、三层动作技能，进行难度梳理。

（2）认识到认知技能与动作技能的互斥性。

（3）在认知技能中，认识到信息与挑战的互斥性。

（4）难度不适通常来自于横向而不是纵向，玩家不怕难，而是怕烦。

（5）大量基础信息（辨别与记忆）不可取，要坚持"问题＋表象"的方式，要由规则引导概念，由问题导出信息。

4.3.3　教学的进程 = 游戏的进程

在加涅的学习理论中，教学的推进是以学生的学习目标为中心的，他提出了围绕着学习目标的九段式教学法，分别是吸引注意、告知目标、刺激回忆、呈现教材、提供学习指导、引出作业、提供反馈、评估作业，以及促进保持与迁移。前文把这个教学设计方法与游戏设计方法做了关联对比，可以看到其对于游戏的进程设计有很大的帮助。

教学设计方法对游戏进程设计的启示：

（1）引起注意——想方设法让玩家主导和推进游戏，而不是发给玩家任务。

（2）告知目标——游戏中每个阶段都应该有明确的目标。

（3）刺激回忆——提取技能学习条件，复习已掌握的前序技能。

（4）呈现教材——呈现与学习新技能如何使用，这点是比较纯粹的学习化，在游戏中反倒应该弱化。

（5）提供学习指导——根据"问题＋表象"的方式，强化游戏自身的媒介优势。

（6）引出作业——给玩家创造情景应用新技能。

（7）提供反馈、评估作业——给玩家足够的肯定，以及通过量化标准评判玩家的表现。

（8）保持与迁移——变化任务难度或增加任务组合，强化技能掌握。

依据九段式教学法中以学习目标为核心的理论，在游戏的进程设计中，应该以玩家的技能学习（获取）为中心，推进游戏进程。游戏设计师应该将玩家的技能获取分单元、分组、分阶段，让玩家在游戏进程中依据学习方法逐步强化获取；依据九段式教学法，引导玩家逐步掌握技能。

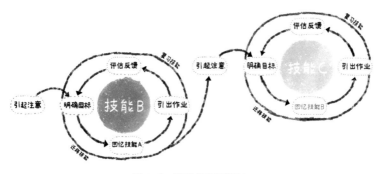

图 4-6　游戏的进程设计

《超级马里奥 3D 世界》是一款具有丰富挑战组合的游戏，在游戏中玩家需要学习很多的"问题解决"方案。很显然，这款成功的游戏并没有把技能一股脑地扔给玩家，使得玩家卡关在新手教学阶段。这款游戏的联合制作人林田宏一（Koichi Hayashida）表示，他受到了日本漫画叙事方法 ——"ki-sho-ten-ketsu"（起承转结）——的启发来设计游戏关卡，通过 4 个步骤来引导玩家逐步融入游戏：

（1）起（introduce）：在安全的环境下学习。

（2）承（development）：开始实战并逐步延展。

（3）转（twist）：对原有技能进行强化、组合。

（4）结（conclusion）：给予玩家明确的成就反馈。

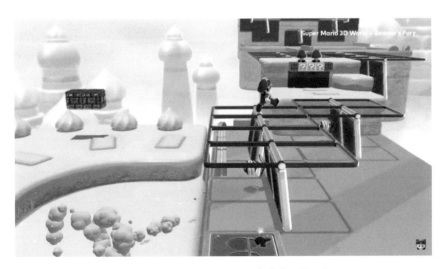

图 4-7 《超级马里奥 3D 世界》中的反转平台

在游戏中，制作人围绕着不同的技能学习反复应用这四个步骤。制作人每个阶段都会给予玩家一个安全的环境去学习新的技能，比如针对翻转平台的学习，除了这些明显的色彩和动态提示，图 4-7 中的粉色平台可以很好地保护玩家，使玩家即使从翻转平台上滑落下来也不至于失败，这就是"起"的阶段；接下来，制作人推送给玩家一些常规的翻转平台挑战，进入了"承"的阶段，此时玩家面对的是真正的可以失败的挑战；在玩家已经比较熟练地掌握了这个技能后，制作人开始推送变换角度的平台挑战，或者是组合挑战，也就是"转"的阶段；走过了这三个阶段的玩家基本上已经完全融入游戏机制中了，制作人可以稍微肆意地扔给玩家一些奇特的挑战，比如"超级 Boss 战"等，最终给予玩家一个清晰的评价与反馈作为"结"。

任天堂的游戏设计理论一直都延续着对于玩家学习过程的重视，针对玩家的耐心的引导式教学，制作人从来都不会缺席。比如，在最初阶段的马里奥游戏中，制作人宫本茂先生就已经充分展现出一个顶级游戏设计师的才华。

宫本茂先生很少用文字去教玩家如何玩游戏，完全是靠"问题 + 表象"的方式来引导玩家学习。比如，制作人给画面右侧留更大的空间，以引导玩家朝右走；在第一关刚开始时，把玩家置于一个角落，使玩家很难躲避掉第一个蘑菇，从而领会免于错失蘑菇的积极效果；同样是在第一关卡中，有很多致命的沟壑，为了让玩家理解，制作人给出试练的机会（如图 4-8 和图 4-9 所示），使得玩家即使没有成功跳过沟壑，也不会直接导致游戏失败；同时，在经历过试练之后，玩家即使在下次跳跃沟壑时不小心失败了，也不会把原因归咎于设计者。

在游戏设计中，把玩家看成一个学习者，可以有效地利用学习理论去完善游戏的关卡设计、进程设计和体验设计。但用学习理论指导游戏设计绝不是唯一方案，这只是我认可的看待游戏设计的一个角

图 4-8　最初阶段的马里奥游戏（示意图一）

图 4-9　最初阶段的马里奥游戏（示意图二）

度，一条解决问题的路径。每个游戏人都应该有自己对待玩家、对待游戏的看法。2007 年，宫本茂先生在 GDC 大会上幽默地提出了一个"妻度计"（wife-o-meter）的方法，他从自己的亲身经历出发，以自己妻子对待游戏的热情为尺度来衡定游戏设计的好坏，什么时候妻子对游戏满意了，那说明这个游戏的设计就大功告成了。这种有趣的说法，宫本茂先生也许只是开了一个玩笑，但这也不失为一种启发游戏设计师创作的思考。

4.4　学习理论对迭代设计的启发

4.4.1　游戏设计了游戏

"非常明确的一件事是，在研发游戏的过程中产生的并最终放进游戏产品中的想法，要比我作为设计师放进去的多。整个设计过程比起说肆意地去创造一些东西，倒更像是在发现本来就存在的事物。换句话说，一定程度上是游戏设计了游戏。"

这是 2011 年全球游戏开发者大会上，乔纳森·布洛（Jonathan Blow）[①] 关于《时空幻境》设计的一席话。布洛是一位富于哲学思考的游戏设计师，他的话通常很有启发性，这段话也有很多种理解方式。那么，在本书中，我们结合一下学习理论，从游戏与学习的关系的角度来解读一下为什么说是游戏设计了游戏。

本书一直提到"游戏问题说"，下面我们回顾一下游戏问题说并且将它与学习理论对照分析一下。左边是游戏问题说，右边是对应的游戏活动在学习理论中的解读：

表 4–6　游戏问题说与游戏学习说

	游戏问题说	游戏学习说
游戏是？	一系列有趣的问题	一套教案
玩游戏是？	解决一系列有趣的问题	一系列学习活动

---

① 　乔纳森·布洛，美国独立游戏设计师，其代表性作品是《时空幻境》与《见证者》。

续表

	游戏问题说	游戏学习说
游戏设计师是?	发现并安排一系列有趣的问题	教师及教学设计
看别人玩游戏?	云玩游戏、游戏直播	案例学习

费曼教学法认为，人在学任何东西时，如果能用自己总结的最简单明了的话，不带任何专业术语地说给爸爸妈妈，或者说给弟弟妹妹听，而他们都听懂了，也就说明你真的把这个概念搞明白了。换个简单的说法，教学是一种非常有效的学习方法。

在早期的绘画教学实践中，我无意间了解到了费曼教学法。那个时候我每节课都要为学生改画，并不断地重复讲述原理。在这个过程中，学生的一些问题，或者出现的一些特殊情况，会对我有反向的启发作用，迫使我重新去审视自认为熟悉的知识体系，重新翻查资料，再进行讲述，然后又遇到问题，有所启发，再翻查资料，再进行讲述，如此往复循环。这样下来，虽然学生们的进步也很大，但有趣的是，可以看出我自己的进步更大。后来我访谈过几位老师，发现大家在授课过程中都有类似的经验。老师们比较熟悉的课程，在他们反复讲授的过程中也被不断改良优化，这使得他们对自己讲授的内容的理解越来越深刻。

从教学的角度，我们就比较容易理解布洛的观点了。他设计游戏的过程，就像是在设计一场精妙的"教学"，设计一系列有待玩家破解的"有趣问题"。相较于教案之于老师，游戏设计师对于自己要设计的游戏过程，还不算那么熟悉。所以在这个过程中，游戏设计师自然会遇到很多问题，然后解决问题，进而受到启发。这个过程我们可以总结为：设计问题→出现问题→解决问题→再设计问题。

在某种程度上，教师设计教案的过程中，他自己对于知识的理解也在不断地升华，自然也会发现很多原本就精彩至极的内容。所以，可以说教案或者教案里的知识就在那里，它们静静地躺着，等待教师去发现；而同样地，游戏机制里的内容也是静静地躺在那里，等待着设计师去发现。与知识不同的是，游戏是一个更加动态的内容，游戏机制是不断运作的，游戏设计师进行创作的过程，就是发现和体验游戏机制的过程，所以从这个角度去理解，游戏确实是自己设计了自己。

4.4.2　迭代的重要性

"游戏设计了游戏"是一个启发式的说法，是关于设计师与游戏之间的关系的很好的诠释，能够帮助游戏设计师更深地理解游戏。无论是用学习理论去解读这句话，还是从游戏设计的角度去解读，其核心都在于过程中的循环：设计问题→出现问题→解决问题→再设计问题。在游戏设计或者说产品设计的理论中，这个循环就是非常重要的迭代设计过程。

迭代设计（iterative design）的过程并不专属于游戏设计，很多设计领域都会如此实践，比如软件设计、工业设计、建筑设计。凡是工程比较庞杂的项目，都需要迭代设计的过程。工作量大的内容在设计过程中很容易出现被忽略的错误，这些错误积累久了、多了就会导致最后产品的失利。而利用各种办法对项目的最终结果进行预览，总结问题并进行调整，这是非常有效的手段，也就是我们说的迭代的过程。所以迭代设计的目的之一是减少犯错，迭代设计是复杂项目推进过程中比较稳妥的一种工作流程。

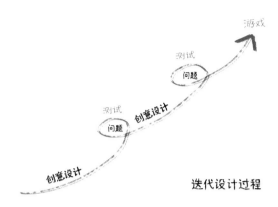

图 4-10 游戏机制设计的迭代过程

表 4-7 游戏项目设计过程

游戏	创意	设计	制作	测试	运营
原型（Prototype）	√				
小样（Demo）	√	√			
垂直切片（Vertical Slice）		√	√		
研发里程碑（Milestone）			√		
测试版（Beta Version）			√	√	
公开测试版（Open Beta Version）				√	√
上线版本（Published）					√

　　图表的内容是整个游戏项目的设计过程，在每个里程碑阶段都要认真做出对于最终产品形态的预览，依次是：原型、小样、垂直切片、研发里程碑、测试版等。每一个阶段的产品都可以让制作团队进行测试自检，帮助大家减少项目中可能出现的重大错误。

　　这其实还是一个比较大尺度的迭代过程，而布洛提到的"游戏设计了游戏"，是设计师面向游戏内的创意玩法设计或者机制设计产生的感受，即在这个设计的过程中，设计师创造的内容还没有其发现的内容多，这是一个相对小尺度的迭代设计过程。游戏机制的内容的特殊性导致"游戏机制＋迭代设计"的组合产生了很多"化学反应"，设计师在"设计问题→发现问题→解决问题→再设计问题"的这个循环中，不断地学习接受新的信息，我想这就是所谓的"游戏设计了游戏"的说法。

所以迭代设计在游戏设计中的另一个重要目的，是动态地产生设计内容，迭代设计是为了更好的设计结果。这个过程需要设计者不断地将自身的想法释放出来——面向自己或者是尽可能面向用户对象，在不断的体验中去发现机制带来的思考与启发。

我曾设计过一款简单的飞机小游戏，游戏的体量相当于一个原型设计，可以随时调整机制玩法以及数值设计。那款游戏不仅画面很简单，而且还只有几个可怜的音效，数值做得也非常单薄。幸亏在那个年代，宿舍里很少有电子设备，也不能上网，加上室友们知道是身边同学制作的小游戏，也就多了几分包容，所以大家玩得非常起劲，给了我很多宝贵的反馈。

收到了这些反馈，我看到了问题，就产生了很多新的想法并不断地修改游戏，调整一下玩法，或者加一些音视频效果等，隔几天再拿出来给室友们玩。这样一来二去地，我的室友们不少人开始"沉迷"这款飞机游戏。这也让我感受到了游戏迭代设计的魔力，每一次的修改都会让参与者有明显的行为变化，设计者能够看到每一个小机制或者小数值的变化对玩家的影响。很多变化是设计者也意想不到的，这是一个需要设计者动态学习的过程。

所以，游戏迭代设计的过程中，一个重要的技巧就是要掌握创意设计的释放与评测方法。一定要尽早地释放自己的想法或原型，千万不要抱有一次憋个大招的幻想，认为自己的想法特别牛。一鸣惊人的想法是非常理想化的。从客观层面来说，世界上就没发生过一鸣惊人的事情，只是你看到了一鸣惊人的那一刻。绝大多数时候，想法的释放带来的都是批评。学会如何去面对问题、分析问题，是最有效的设计方法，所以学习游戏迭代设计的过程是非常重要的。

> 设计大师唐纳德·A. 诺曼提出了三个概念模型的理论[①]，其中将设计师、产品、用户之间的理解过程拆分成了三个模型：
>
> 设计师模型（design model）：是指设计者通过观察、感受和操作建立的概念模型。
>
> 系统映像（system image）：由于设计师不能直接和用户沟通，只能通过产品的系统映像（包括符号、文件、外观、声音、说明书、网站、帮助文档等一切产品的可用信息）和用户进行间接的沟通。
>
> 用户模型（user's model）：是指用户通过与系统映像的交互而产生的用户心智模型，是用户的主观理解。
>
> 这里的矛盾，设计师希望用户模型与设计师模型完全一致（通常不会），但自身又无法和用户直接沟通，从而产生了理解上的错位。这种错位的发生会使用户陷入暂时性的迷茫，如果错位多次发生，就会极大地降低用户对产品的好感，从而导致用户选择放弃产品，甚至还会讨厌产品。而诺曼指出，解决这种错位的唯一路径就是观察用户模型与设计师模型的差距，不断地迭代优化。三个概念模型的理论和游戏设计的关联很紧密，游戏设计的理解成本是比一般的产品设计的理解成本高的，因为游戏设计师的目的是要让玩家"不完全"理解其产品，甚至有些时候还要故意让玩家在一定程度上"错位"理解产品，这其中的分寸把握就需要游戏设计师充分地理解系统映像与用户模型。

---

① 唐纳德·A. 诺曼（Donald A. Norman，1935—），美国著名的学者、教授、认知心理学家，1962 年获得心理学、哲学博士，曾担任加州大学圣地亚哥分校设计实验室的主任，其代表作有《设计心理学》（4 册）。三个概念模型的理论出自《设计心理学：日常的设计》。

以课程为例 谈谈迭代设计

此处我想给读者分享我的一个课程——"游戏迭代设计"。这个课程的很多细节设计都受到了游戏与学习理论的启发，以及游戏迭代设计理念的指导。所以，我在这里分享一些课程设计，希望对大家理解游戏迭代设计过程有所帮助。

"游戏迭代设计"课程的对象是大学当中的低年级学生（通常是本科一二年级学生），课程短小且弹性比较大，一般是 16—24 课时（4—6 次课）。选这门课的对象需要具备一定的设计基础素养，比如对创意设计、数字媒体、绘画等有一定了解，不过学生可以是第一次接触游戏。这门课的目标就是要使学生在进入充满条条框框的游戏设计与制作的流程之前，通过迭代设计，更为直观和自由地感受游戏迭代设计的核心魅力，让学生理解游戏机制从何而来，如何运作。

游戏是一个可以快速吸引人的东西，所以相较于体系化地分类游戏，或从理论出发去讲解游戏，我更希望学生第一次接触游戏，是从迭代设计这个环节开始的，这会生动有趣很多。优秀的游戏设计师必须要熟悉"机制与人"之间会产生的"化学反应"，要有用游戏机制引导玩家的行为和情感的强烈渴望。

所以"游戏迭代设计"这门课程的教学目的可以拆分为两个方向：

其一是要唤醒学生的这种"用机制引导行为"的渴望，在学生刚刚接触游戏设计时，我更愿意让学生把设计游戏当成是做实验，要让他们快速地看到由机制的变化而带来的玩家行为的变化。而其二就是要让学生掌握游戏设计过程中释放创意与收集反馈的方法，要指导学生如何释放创意与想法，又如何收集反馈。当学生们发现自己设想的互动关系和实际发生的互动行为有差距时，他们的学习就开始了，通常来说，他们的兴趣也开始了。

这门游戏原型迭代设计课程有两个铁一样的纪律：

铁律一：除指定的时间，同学之间不允许相互批评或给予负面反馈。

铁律二：每周一个游戏版本，严格执行作业的提交时间，不允许任何拖延。

设置铁律一的原因，首先是根据头脑风暴的原理，不否定任何想法，希望大家能够互相鼓励，保持融洽的团队氛围，并迅速决策团队要制作的内容。其次是在这个课程中，想法的好与坏不重要，所以针对设计想法的争论与批评，都毫无意义。无论什么样的创意设计，大家都可以感受到机制引导行为。而对于另一个教学目标——迭代反馈来说，创意好坏更是没有什么影响。之前我也有试过直接给定学生几款游戏，让他们完全从改游戏开始接触迭代，但是效果并不好，这样会降低学生们的主动性。

铁律二要求学生每周提交一个版本，乍一听有点残酷。但这其实是因为游戏原型迭代课程经常会有一个小小的阻碍，就是学生们创作热情的误用。这门课的目标群体，是没有游戏制作经验的学生，该群体对于游戏的感知更多来自于玩家角度，而玩家角度与制作角度截然不同。所以学生们会把自己大量的精力误用于讨论剧本、绘制场景、制作动画，或者早早地开始编写程序。对于具备艺术素养的学生来说更是如此，他们需要格外注意控制创作欲望。过于丰富的想象力以及强烈的创作欲望，很容易导致一个团队在这个阶段就陷入一些具体制作环节，比如，对于一个机制是否有趣或是场景搭建品质的考究，对于人物动作的反复调整。这些都是要规避的，这些在这个阶段完全不重要。这个阶段就陷入具体制作环节，容易使学生们产生一种错误的感受，认为游戏制作过于复杂，找不到乐趣，又或者是自己付出了很多劳动产出的成果无法在游戏中实现，从而对团队协作产生抵触的情绪。所以为了避免这些情况，从而达到既定的教学目标，我会强制性限定学生们的制作周期，并明确课程产出的重点，使学生们无暇把过多的热情误用于非迭代设计的环节。

铁律二在执行时很有难度，毕竟是在一周之内制作一款游戏，对于刚刚组合在一起的小伙伴们来说，这会很有挑战性。课程中我会向大家强调，要尽可能避免使用专业的游戏制作引擎。因为这些引擎相对比较复杂，在进行游戏迭代设计的过程中，不益于学生快速地验证自己的想法，因此我会提倡学生们用更多敏捷有效的制作手段来配合迭代设计。这里提到的游戏制作手段可以很多样化，包括综合材料的桌面游戏，或一些无需编程的软件，这些工具可以提高迭代效率，能够大大促进课程中学生的创作产出。即使是具备编程能力的同学，我也非常不建议在这个阶段自主编程。其实这样快速制作小游戏的工具很多，甚至很多沙盒游戏也有自带的或者第三方的蓝图脚本。这个课程始终强调不要把制作环节的技能学习放大化，比如游戏 UI 的技巧、交互动画的制作方法等。虽然这些环节在游戏研发过程中都至关重要，但现在还不是展开的时候，让学生们基于现有手段进行创作就足够了。事实上，哪怕使用最为基础的手段，都可以诞生一款好玩的游戏。

上面介绍了课程的两条铁律，它们也同样是设计师制作游戏原型的铁律。也就是说，我们在一款游戏的设计初期，也要遵循"**不否定自己或别人的想法，不限制使用任何手段快速制作原型**"的准则。

接下来这里介绍这门课程的三段式结构：开场课→循环课→汇报课。

表 4-8 课程的三段式结构

课时数	内容	备注
4 课时 （开场课）	1. 分组：3—4 人成组，每组选出一位组长与记录员； 2. 由组长来组织讨论，并讨论决定小组要做的游戏内容； 3. 所有小组依次分享设计想法，包括教师在内的所有人只能给予正面反馈，不能有任何批评。 作业： 1. 在下次课之前，制作完成可体验版的游戏； 2. 制作游戏说明，以便于其他小组畅通体验。	第一次课，由于强制而缺失了负面反馈，课堂气氛初期有可能会比较沉闷，不过不要担心。教师**引导学生尽快得出设计方案**，比如利用投票等方法。
8—16 课时 （循环课）	1. 由教师安排，每两组之间相互体验，体验过程中尽量不要有任何提示，以便获取玩家的真实行为反馈； 3. 每组的记录员负责记录玩家体验的行为细节，小组体验完成后，体验组与被体验组相互之间要认真汇报体验的感受。 作业： 1. 根据体验的反馈，制定游戏修改方案； 2. 为自己小组的游戏设计下一次体验的反馈问卷。	循环课的过程，是一个弹性的过程，教师根据课时长短把握具体节奏。教师的辅导重点不是点评游戏好坏，而是不断地帮助学生们**细化整理体验报告与反馈问卷**的撰写，理解迭代设计的核心内容。

续表

课时数	内容	备注
4 课时 （汇报课）	1. 设定明确的汇报与考评机制； 2. 要有互评，要有专家，要有新人参与； 3. 要有展示与自由体验环节； 4. 仍然要坚持记录与总结。	汇报课的目标，是让学生们认识到课程会产生开放性的结果。引导小组之间产生探讨与争论，帮助学生们逐渐褪去主观臆断，**养成使用客观的数据报告去解决游戏制作分歧的习惯。**

在整个课程的设置中，小组之间多次的相互体验环节非常重要。这个体验的秩序是可以由任课教师来具体安排的，原则是把控好"初次体验"与"持续反馈"的区别。初次体验是指玩家第一次玩游戏的体验反馈，持续反馈则是"老用户"针对改良版本的体验反馈，这两个方面对于游戏迭代设计都有帮助。在循环课阶段，由于需要让每个小组既能获取新的体验反馈，也能获取持续的反馈，所以，课程参与学生的数量，一般是在 30 人左右，以使每次体验课能够容纳两种体验。

每次互换体验之后，由体验的小组向被体验小组仔细汇报体验游戏的感受。这个反馈体验感受的过程，是被允许集中释放负面反馈的时间。也就是说，对于一个游戏制作组别来讲，课堂上的讨论内容必须是由体验反馈侧来引导的，负面的反馈也是要由真实的反馈记录或者反馈数据来佐证的，这些设置都是为了逐渐剥离掉学生们的主观臆断。在游戏设计中，主观的感受有可能非常不可信，相信逻辑、相信数据是基本的素养，也是游戏迭代设计课程需要让学生明白的道理。在这个过程中，很多不同性格的学生针对负面反馈所产生的反应也各

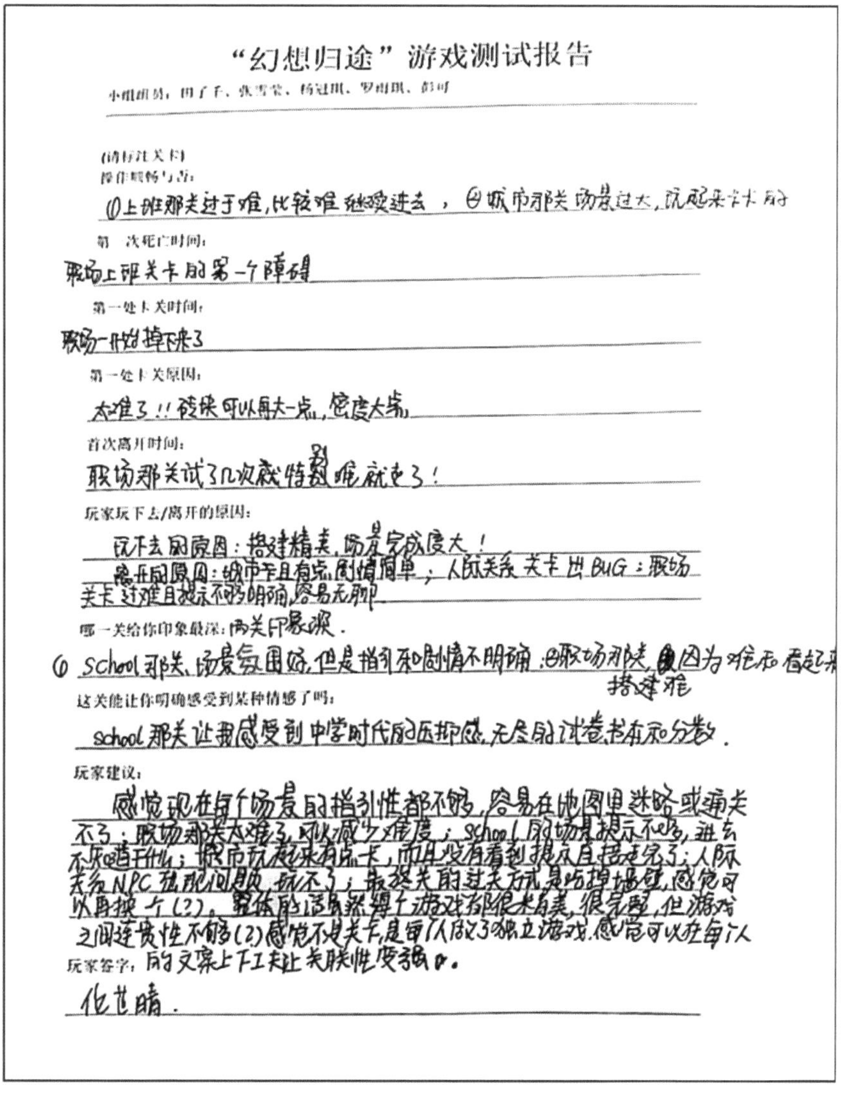

"幻想归途"游戏测试报告

小组组员：田子千、张雪莹、杨冠琪、罗雨琪、彭可

(请标注关卡)
操作顺畅与否：
①上班那关过于难，比较难继续进去，②城市那关场景过大，玩起来卡卡的

第一次死亡时间：
职场上班关卡的第一个障碍

第一处卡关时间：
职场一开始掉下来了

第一处卡关原因：
太难了！！砖块可以再大一点，密度太高

首次离开时间：
职场那关试了几次就特别难就走了！

玩家玩下去/离开的原因：
玩下去的原因：搭建精美，场景完成度大！
离开的原因：城市卡且有点剧情简单；人际关系关卡出BUG；职场关卡过难且提示不够明确，容易无聊

哪一关给你印象最深：两关印象深。
① School那关，场景氛围好，但是指引和剧情不明确；②职场那关，因为难和看起来搭建难

这关能让你明确感受到某种情感了吗：
school那关让我感受到中学时代的压抑感，无尽的试卷、书本和分数。

玩家建议：
感觉现在每个场景的指引性都不够，容易在地图里迷路或通关不了；职场那关太难了，可以减少难度；school的场景提示不够，进去不知道干什么；城市玩起来有点卡，而且没有看到提示直接走完了；人际关系NPC对话问题，玩不了；最后一关的过关方式是破坏墙壁，感觉可以再换一个(?)。整体的话虽然每个游戏都很精美，很完整，但游戏之间连贯性不够(?)感觉不是关卡，是每个人做了独立游戏，感觉可以在每个人的文案上下工夫让关联性变强。

玩家签字：
任芷晴.

图 4-11　体验课程中玩家填写的反馈

不相同，比如有的不满意，有的会虚心接受，有的可能不在意反馈意见，等等。在这个时候，老师会起到关键的引导作用，对每个小组的方向给予启发和正确引导。

"这次得到的建议大多都提到了一个问题：设计得比较复杂，很多环节是没有必要存在的。的确如此……我在游戏中设置的一些环节对于整个游戏的推进没有太大的帮助，并且'玩'的成分不多，可能会让玩家觉得'这个步骤和流程有什么关系？'

"这次为了充实解谜游戏的背景设定，我花了不少时间完善游戏的剧本……然而，过多的文字在游戏的环节中拖累了玩家进行游戏的节奏……在我做的这个游戏中，一开始玩家可能还会认真阅读文本，但到了后期，环境氛围和谜题已经让玩家很困惑了，这时候就很少有人还去读长篇大论——这就是我没有成功传递自己想要表达的东西的症结所在。"

——学生张澳在一次体验课程后的思考

另一个方面，教师也要引导学生明白，完全听从他人提出的建议也是不对的，设计者一定要在体验者玩游戏的时候在旁边亲自观察、记录。因为很多时候，玩家体验游戏的过程中，他的情绪的变化很大，其主观臆断性也很强，玩家的想法也可能是"不真实"的反馈——玩家对自己所做的事情的描述与他真实的行为不一致。比如，你清楚地看到玩家非常专注、非常投入，但因为某些原因，比如挫败感强烈，他在失败之后，下意识地表示游戏无聊。这其实是越骂越喜欢、越喜欢越骂的一种表现。在这种情况下，科学的调研与数据总结才更可靠。如果一个同学虽然嘴上说不满意，但足足玩了 3 个小时，并且下次还要继续体验，这就是典型的越骂越喜欢的表现。我们应该综合自己的观察和玩家的反馈，从多方面综合获取真实信息。

迭代设计课程带给我们的一些技巧：

✓ 找到合适的时间，尽早释放自己的想法或原型。

✓ 要有目的性地引导玩家进行体验。

✓ 要系统地记录和总结玩家的反馈。

✓ 养成习惯，依据客观的数据进行判断，不要主观臆断，也不要受玩家情绪的影响。

✓ 游戏设计师要逐步找到拿捏"机制"与"人"之间的动态变化的感觉。

这门课结课汇报时，我会让同学们尽可能地邀请他们的室友或者好朋友一起来体验自己开发的游戏，我也会叫一些其他专业的老师或行业专家来参与，有时候汇报会演变成一个场面"失控"的聚会。其实整个课程的目标，不是产出精彩游戏，而是让学生们感受游戏机制到底是如何逐步演变出来的，所以对于课程的评定方式，要把最终的游戏作品所占的比例放得很低，重点是考核学生参与的过程。很多同学会在这个课程中获得巨大的鼓舞，感悟到"游戏性"的魅力，对游戏的玩法设计产生浓厚的兴趣。这反而使得一些小组会自发地持续优化作品，忽略了课程分数等外在动力，在课后继续完成游戏作品的内容。

在游戏迭代设计课程后，一些学生会主动完善游戏作品，图片展示的是《迷阵》这款学生桌游作品：

● 参与人数：二至四人，另需一人计分，此角色可轮流担任。

● 游戏配件：留令（说明书）一份、帛书册（记分册）一份、隐语集（谜面）

五十枚木块、棋盘垫一张、领地垫四张、机会签十根、锦囊。

● 注意少量木块的一面藏有万能卡（即空白面），可代替任意笔划。

第一种玩法：拼来拼趣

● 游戏准备：把木块堆叠棋盘上（不少于三层）将机会签装好，数字朝下备用。石头剪刀布，赢者先手，之后顺顺时针方向进行游戏。

● 游戏规则：玩家通过获得笔划来争夺拼字，终局分高者获胜。

特殊字源于网络用语中的灵魂，拼得后可抽取机会签。

字被第一个玩家拼出后，其他玩家不可再拼得。

● 游戏进行：选择拿走两个小木块或转动一个小木块。（选择其一行动）

⊙拿走：将木块阵三视图平面化，平面内相同花色的两张牌能被三根以内的直线连接，即可拿走，在记分册上记一个该笔划。

⊙连线取木块规则图解

⊙转动：玩家可将一个小木块向任意方向转动九十度。

本块只剩下一层时，取消拿走行动，只能执行转动行动。

在自己回合内，经双方玩家同意，可自由与他人交换笔画。

拼出特殊字后可以抽取机会签一根。

九宫格字被凑齐，一轮游戏结束，可继续下一轮或开始计分。

● 游戏结束积分：玩家计算自己的总分，计算方法如下：一个笔画记一分，一个字记三分，总分高的玩家获胜。

第二种玩法：字有字在

● 游戏准备：把木块堆叠棋盘上（不少于三层）石头剪刀布，赢者先手，之后顺顺时针方向进行游戏。

● 游戏规则：玩家通过转动木块拼成字后，即可拿走木块。

被前面玩家已经拼过的字，其他玩家不可再拼。

● 游戏进行：选择拿走两个小木块或转动一个小木块。（选择其一行动）

⊙拿走：将木块阵三视图平面化，在不改变汉字笔划的造信置的原则下，可拿走构成汉字的所有木块。

⊙转动：玩家可将一个小木块向任意方向转动九十度。

● 游戏结束积分：当剩余木块无法再组成新的字时，游戏结束。

游戏结束后获得木块多者获胜。

机会签对照表

①	随机掷骰子获得一个笔划	⑥	直接加两分
②	偷指定对手一个笔划	⑦	自己暂停一回合
③	指定一个对手暂停一回合	⑧	直接加三分
④	直接减一分	⑨	自己增加一回合
⑤	任意转动并消除拿走笔划	⑩	免罪金牌 免疫一次陷害

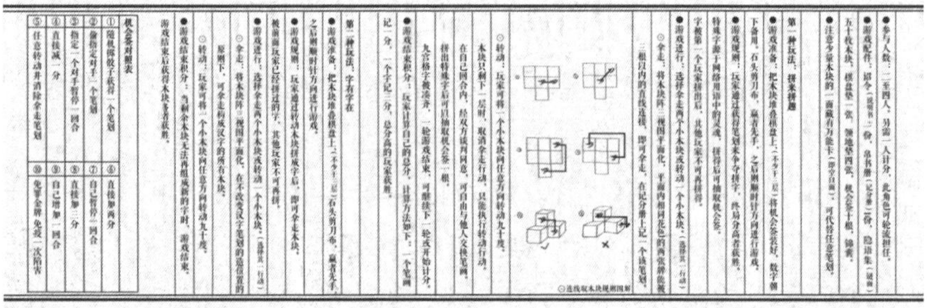

图 4-12　学生桌游作品《迷阵》游戏规则说明图

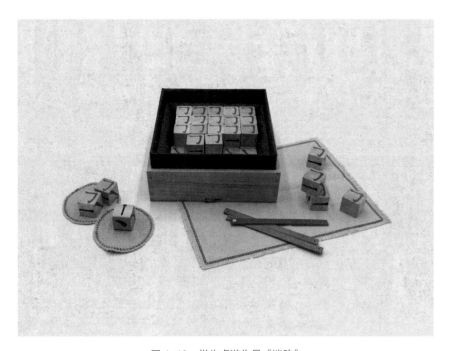

图 4-13　学生桌游作品《迷阵》

图 4-14 《迷阵》游戏迭代设计过程的图文总结

第五章　游戏助力学习

"游戏与学习工作坊"

5.1　"游戏与学习工作坊"

　　这一部分想给大家介绍"游戏与学习工作坊"这个合作项目。该项目是 2019 年国家艺术基金"游戏设计艺术人才培养"项目的阶段性课程，邀请了美国农工大学安德烈·托马斯（André Thomas）[①] 教授联合授课。由于这是第一个以"游戏设计"为主题的国家级项目，也是在游戏与学习的领域进行的实验性探索，所以课程本身是具有开放性的。在前期筹备的过程中，我们确定了用游戏化的方式来教授学员如何设计教育游戏产品的教学思路。换句话说，课程的目标是帮助学生学习教育游戏产品的设计，而课程本身也是一个游戏化的教育产品。这也是要给读者分享这个课程的原因。课程中没有大篇幅的硬性知识灌输，而是把关于教育游戏的关键性设计技巧转为课程的阶段性课程目标。读者如果能够理解这个课程的设计理念，自然也就理解了游戏化设计的一些妙用技巧。

[①]　安德烈·托马斯，美国国家科学院董事会成员、美国国家艺术教育协会首席执教官，曾是 EA 的一名工程师，担任体育类游戏的图形开发主管，后于德克萨斯 A&M 大学创建了 LIVE（学习型互动视觉体验）实验室并担任总监。

课程周期：15 天

参与学员：30 名（分为 5 个小组）

学员构成：12 位大学老师、7 位硕士或博士研究生、11 名行业人员。这些学员经过了项目组筹委会的遴选，普遍具有很好的游戏素养或游戏设计认识。

课程目标：

使学生理解什么是好的教育游戏；如何为游戏制定适合的教育目标；课程结束时，学生们需以组为单位，每组完成一个完整的教育类游戏的原型设计。

教学理念："用游戏的方式来教游戏"

本次课程的核心理念是教学生"如何制作一款好的教育游戏"，为了更深刻地阐释该理念，我们就将整个课程设计成了一个游戏化的体验过程，采用的手段包括且不限于：

将教学的理论内容隐藏在学生的实践活动之中，使学生在动手的过程中潜移默化地理解游戏开发过程中的一些规律。

设计互动游戏环节（如寻宝游戏、故事接龙等），更生动地传达游戏制作理念。

将学生分组并采取评分制，类似游戏中的排行榜系统，激励学生在竞争中进步。

减少枯燥的讲授内容，并将这些内容穿插安排在最适合学生接受的时间段。

基于以上几点，整个教学会偏向一个任务式的结构。在学习过程中，教学侧会给出明确的任务目标，以及实现过程中的限制，学员要做的就是完成任务。所以，也可以把整个项目理解为一个为期两周的教育类游戏体验，最终不仅要达到教学目标，也希望这么做能达到内容与形式上的统一，使教学过程更为深刻，更利于学生的记忆与理解，为学生的教育类游戏设计思路提供指引。下面我会侧重介绍这门课程中和"游戏与学习"关系紧密的内容（粗体标注的内容），其他部分则不赘述。

课程内容概览

✓ **教玩家的第一课——井字棋游戏改编实践**

✓ **"基于游戏的学习"与"游戏化"/内在动机与外在动机——寻宝游戏**

✓ **为教育类游戏制定教学目标——创作选题**

✓ **游戏的商业化要素——21 点与斗地主改编**

✓ **教育类游戏原型设计——"中国地理知识"命题创作**

✓ 分析与再创造——改进其他组制作的原型

✓ 测试与迭代——评测各组修改后的游戏

✓ **自由创作——制作第一版教育游戏原型（结课作业）**

✓ 如何确认玩家的游戏进度

✓ 进一步迭代——听取其他人的意见

✓ 如何撰写 GDD（游戏设计文档）

✓ 故事在游戏中的作用

✓ 游戏动态与概念美术

✓ 创作辅导

✓ 最终成果汇报

5.2 游戏教给玩家的第一课

井字棋（tic-tac-toe）是一种在 3×3 的格子上进行的连珠游戏，和五子棋类似，由于棋盘一般不画边框，格线排成"井"字故得名。游戏需要的工具仅为纸和笔，游戏机制很简单，由两个游戏者分别使用"O"和"X"代表自己轮流在格子里留下标记（一般来说，先手者使用"X"），任意三个标记形成一条直线，则为获胜。

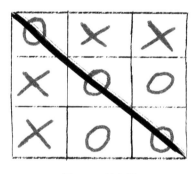

图 5-1　井字棋

任务要求：

（1）在 30 分钟时间内，每个小组在原有的传统井字棋玩法的基础上进行修改，使这款双人对战的游戏变成一款人机对战或多人合作的游戏。

（2）完成后，进入试玩与评分环节，具体方式如下：

每个组的成员分别去玩其他三个组设计的游戏，试玩组需要自行阅读并理解创作组写好的游戏规则。

在游戏试玩过程中，游戏的创作组不能通过语言介绍游戏或干涉、引导玩家体验。

时间不设上限，直到所有小组体验完毕为止。

（3）体验过程结束后，体验侧需要给产品打分，也就是每组都需要为其他三组评分，满分30分，评分标准如下：

规则是否清晰易懂（10分）。

游戏趣味性（10分）。

游戏的可重玩性（10分）。

评分标准的设定是公开的，可以让所有参与的学员提前明白这次游戏改编实践所关注的两个重点：

其一，是规则的传达。我们首先需要明白的是，每一款游戏都会教给玩家一些内容，无论这款游戏是否为一款教育游戏。例如，盖房子的游戏会使玩家学会如何在游戏中盖房子，打僵尸的游戏会教会玩家如何在游戏中打僵尸。玩家如果学会了玩一款游戏，也就学会了一些内容。所以设计一款游戏，第一要义就是要教会玩家**如何去玩这款游戏**，而清晰易懂的规则传达就在其中扮演了重要的角色。能够采用简单的方式阐述游戏玩法，是一个游戏设计师与玩家进行沟通的第一步。

其二，是游戏本身的趣味性。这里针对游戏的趣味性引入了两个评判标准，一个是游戏是否令玩家感觉好玩，另一个是游戏是否具有重玩性。这是因为有些游戏虽然在第一次玩的时候会让人感到非常有趣，但游戏历程若没有可变性，就很难使玩家愿意去玩第二次、第三次。也就是说，这款游戏的机制还不足以让玩家玩很久。我们希望通过这两个明确的标准，让学生潜移默化地理解游戏的核心玩法设计与游戏的进程设计。

在此，附上其中一个小组在这30分钟里完成的改编游戏，游戏规则和需要的道具非常简单，每位读者都可以尝试着用纸、笔等简单工具在家还原并试玩这款"合作版"井字棋游戏。

游戏名称：冲刺黄立方（*Yellow Rush*）

小组成员：杨亨冉、劳家辉、张雯旭等

所需道具：一张纸张、三种不同的标记物（回形针、纸片、橡皮等均可）、一副去掉王牌的扑克牌

游戏方式：双人合作对抗电脑

游戏简介：

这款游戏的设计是使用蓝、黄两种方块作为玩家的棋子，来对抗一个敌方棋子，因此游戏取名叫《冲刺黄立方》，三个蓝色方块连成一条线时将变成一个黄色方块，三个黄色方块连成一条线则宣告胜利。这个过程中敌人的行动方式由抽取的扑克牌来随机决定。大家之所以选定扑克牌来判定方向，其实是因为当时手上没有四面骰子，在短时间内又没有代替品。结果这个设计非常巧合地促成了一个有趣的策略机制。要知道，一副扑克牌的花色、数量正好是固定的，这让随机机制具备了平均、公正的特性，玩家可以以此作策略规划。如果用骰子的话，过强的随机性将会破坏策略乐趣。游戏过程中，计算落子位置时的策略、对敌人下一步行动的期待、被敌方棋子吃掉时的惊诧、最后连成一线的喜悦，每个回合都在不断散发《冲刺黄立方》的魅力。

详细规则：

（1）在纸上画九宫格，并在其中一格放置一个代表敌人的特殊标记物。

图 5-2　九宫格标记物

（2）每个回合两个玩家可各放置一颗自己的棋子（总共两颗）。

图 5-3　放置规则 1

（3）在扑克牌中抽一张，通过花色来决定敌人的行动方向，通过数字来决定敌人移动的格子数，如图：黑桃 10 代表向上走 10 步（当敌人走出九宫格边缘时将从相对的另一边出现）。

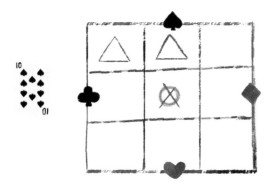

图 5-4 放置规则 2

（4）敌人如果在行动结束后进入玩家棋子的格子内，则玩家的棋子被移除，之后进入新一轮的循环。

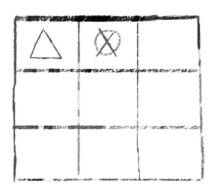

图 5-5 放置规则 3

（5）数轮回合后，玩家如果有三颗棋子横向、纵向或斜着连成一条线，那么其中最后一个落子点就会升级成为玩家高级棋子，并且移除其他两个低级棋子，继而进入下一个回合。

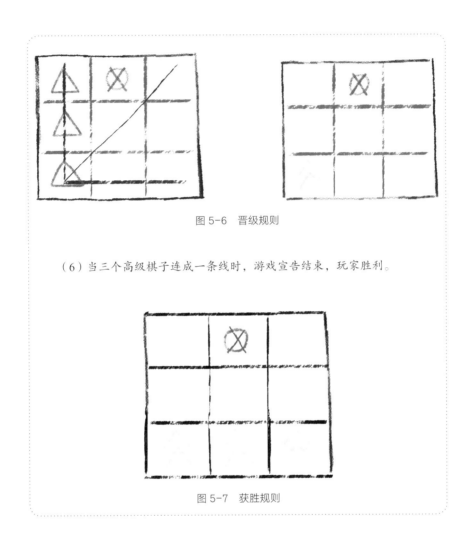

图 5-6　晋级规则

（6）当三个高级棋子连成一条线时，游戏宣告结束，玩家胜利。

图 5-7　获胜规则

5.3　从"寻宝游戏"谈内外在动机

第二个游戏化的任务——在楼内及周边 100 米的范围内找到以下六样物件并拍照：

女巫的扫帚

手持小刀仿佛要刺向他人的女人

一个有洞的立方体

被雪覆盖的圣诞树

不能飞的无人机

可能是白色的、马上要落下的叶子

学生们以小组为单位分头组织寻找，找到一样物件拍照记录，稍后在课上展示给大家并说明理由，每一件物品可为所在的小组加10分。

这个游戏化任务是根据教学环境的实际情况而设定的，是在当时的教学楼里进行了现场勘测后进行的定制化设计。同学们在接到了寻宝任务后都非常好奇，再次上课时都是怀揣"宝藏"匆匆赶来，也有人直到上课前也没有找到任何宝藏，充满了疑惑。课程设计是为了以之为例，引出游戏与学习的两个概念——**"游戏化"**（gamification）与**"基于游戏的学习"**（game-based learning，GBL）。

其实这个游戏里说的"宝藏"，都是托马斯和我随手拍的一些散落在教学楼内外的物品，经过设计成为了教学任务中的"宝藏"。当教师公布任务的答案时，同学们看到这些零零碎碎的"宝藏"会有些纳闷。此时，我们请参与游戏的学员们分别上来分享自己在寻宝过程中所去过的地方，发现真的有很多同学为了寻宝走遍了教学楼的整个空间。这个游戏的核心目标其实是希望有效地增加同学们的运动量——实践证明它做到了。

这样一款游戏，能让大家在上课前多走两步，这就是"基于游戏的学习"。游戏设计者会将真实的意图隐藏在游戏目标的背后，所以

图 5-8　学生在教学楼找到的一些物件

学习者其实是在参与一款游戏的过程中，顺便完成了学习或提升。承接学生们已经产生的直观感受，我们在这里插入了一个小课堂，重点讲解了"游戏化"与"基于游戏的学习"两个概念的区别。

游戏化

　　游戏化是指在一切非游戏的情景中，有效地运用游戏中的元素，比如规则机制、补偿反馈、沉浸体验、对抗刺激等。游戏化是为了更好地刺激人们参与的动能，或加强人们的工作沉浸感，从而引导人们的行为模式。游戏化本质上是一种解决问题的策略方法，一种思维方式，它可以应用到任何领域。

　　简单来说，游戏化就是用游戏的优势（如点数、徽章、排行榜等）来加强或服务其他事物，从而创造出更轻松有趣、更吸引人的体验感。

　　举例：《火花思维》《宝宝巴士》等幼儿学习软件。

基于游戏的学习

基于游戏的学习是一种基于电子游戏内容，设置有明确学习目标的游戏行为模式。其目的是希望通过系统的、明确的学习目标，有效地引导玩家的游戏行为模式，从而达到训练、强化、学习的效果。

举例：用《英雄联盟》让孩子们学习团队协作，用《我的世界》来帮助小孩子提高对于空间的认知。

"游戏化"有点类似于现在的一些健身软件的设计，设定"每日走一万步"的目标，如果达成了则奖励你一个徽章——类似于给每个小组加分的激励；而"基于游戏的学习"就是寻宝的部分，引起学员们巨大兴趣的是宝藏本身，分数只是起到了辅助作用。

在利用"游戏化"或"基于游戏的学习"的设计过程中，了解内在动机与外在动机非常重要。"游戏化"通常没有改变玩家的核心目标，玩家的内在动力还是学习，游戏是辅以增加主动性的方法；而"基于游戏的学习"，玩家内在动机就是玩游戏，学习是在潜移默化中完成的。设计师要善于调动玩家的内在、外在动机，让二者融洽地相处于一款游戏中。并不是一味地加入外在奖励就能吸引玩家，相反，有时候这样还会使玩家感到反感。

内在动机与外在动机

人在学习某样事物时可能产生内在的满足感，这个过程会令学习者获得快乐与成就感，这是学习的内在动机（intrinsic motivation）。外在动机（extrinsic motivation）是指学习者为了达到某项外在目的，或得到某样东西而进行学习。比如，一个历史系的学生，热爱学习历史，这是他学习的内在动力，而学习历史是为了得到老师的赞许，这就是外在动力。

　　这里分享一篇来自斯坦福大学的马克·R.莱佩尔等三位心理学学者关于过度使用反馈机制的实验[①]。该实验假设，孩子在从事某项活动时的内在动机，可能会被过量的外在动机消磨掉。他们招募了51名年龄在40—64个月的学龄前儿童，把他们分别安排在3个教室，每个屋子里安排2—3位老师，并连续3天每天收集一个小时有关孩子们初始兴趣的观察数据。所有参与研究的儿童都有一个前提条件，那就是对绘画感兴趣。这个筛选前提，是为了保证所有参与实验的孩子，对绘画是存在一定内在动机的。实验者对于三个房间内的孩子给予了不同的对待方式，分别是有明确奖励、意外的奖励、没有任何奖励（奖励是一个带有金色印章的小证书）。具体的实验方法不赘述了[②]，大家可以去参看原论文。实验结果很有趣，三个房间的孩子在几轮实验的自由时间中，相关的数据表现出显著的变化。实验结果显示，有明确奖励的那个房间的孩子们表现出了对于绘画的内在兴趣的减弱，在收获了过多的奖励后，他们在自由时间中平均参与绘画活动的时间明显减少，其百分比甚至低于另外两个房间的孩子。

---

① Lepper, M. R., Greene, D., & Nisbett, R. E. (1973). "Undermining Children's Intrinsic Interest with Extrinsic Reward: A Test of the 'Overjustification' Hypothesis." *Journal of Personality and Social Psychology, 28*(1), pp.129-137.

② 原论文详细记录了实验条件，比如几个摄像机、单向玻璃的观测室，以及针对个别孩子的行为如何判定。对于"产生兴趣"的判定，是被试坐在了目标桌子前或拿起了准备好的马克笔，包括孩子们离开椅子拿着马克笔在墙面或地面自由绘画。

表 5-1　被试者（孩子们）自由选择参与目标活动（画画）的
平均时间百分比 [1]

实验条件	受试人数	百分比
告知奖励	18	8.59%
没有奖励	15	16.73%
未告知奖励	18	18.09%

需要说明的是，这个实验结果并不是个例，后续很多学者相继都按照大同小异的方法，做了很多类似的实验，其实验结果都佐证了过度的外在反馈会削弱人的内在动力。

那么回到我们的课堂游戏中，宝物被描述得扑朔迷离，让大家充满了好奇，所以想找到隐藏的宝物的愿望是玩家的一种内在动机，而"找到一件物品加 10 分"的奖励是外在动机。学员们在行动的过程中，大多数人是为了宝物，也有人是为了分数，但没有一个人是为了增加运动量，这就是典型的"基于游戏的学习"。相反，如果是"游戏化"的方式，学员们的目标就是要增加运动量，而在这个过程中引入学员之间的竞争或者谜题等游戏机制，就是游戏化的工作，如果设计师过度强调游戏化的辅助内容，那就会削弱用户对于学习的动力。同样，如果在基于游戏的学习中，设计师不断地透露玩这个游戏的目的是锻炼身体，那么玩家的内在动力也会被削弱。就像在这个寻宝任务的设置中，分数是一个无意义的设定。从教学侧来说，我们从来没有把课堂任务的分数真的和成绩联系起来，而且通常在每次课

---

[1]　资料来源：Lepper, M. R., Greene, D., & Nisbett, R. E. (1973). "Undermining Children's Intrinsic Interest with Extrinsic Reward: A Test of the 'Overjustification' Hypothesis." *Journal of Personality and Social Psychology, 28*(1), pp.129-137.

程任务结束时都会弱化它们之间的关联，这样做的目的也是保护内在动机。

对于任何一款游戏，设计者都需要珍视玩家的内在动机，不要误伤到它。而在一款好的教育类游戏的设计中，同时有效地利用好内外在动机，是非常不容易的。内外在动机在游戏中的使用是没有办法量化的，它们是需要设计师通过经验与感知恰当运用的两个工具。

5.4　为教育类游戏制定教学目标

接下来，在课程的任务设置上出现了主线任务和支线任务，我们布置了工作坊的一个长线任务（也即主线任务），即以组为单位，每组构想一个想要制作的教育类游戏，这是最终结课的任务。

任务要求：

（1）明确每组的教育游戏的学习目标（比如用游戏学习英语等）。

（2）该组中至少有一名该学习目标领域的专家（直接或间接均可，比如通过各种方式引入一个英语专家来帮助英语游戏项目的推进）。

（3）该学习目标需要符合"SMART"[①] 原则。

SMART 原则

具体的（Specific）：不能泛泛而论，需要是一个明确的、细分的目标。

---

① "SMART"原则是一种目标管理的方法，由美国管理学大师彼得·德鲁克（Peter Drucker，1909—2005）于 1954 年在其名著《管理实践》中最先提出。

可测量（Measurable）：学生在完成游戏后，需要有一套方法可以评估学生是否的确在游戏中学到了东西。

可达到（Attainable）：目标必须是可以通过游戏中的行动完成的、达到的。

相关性（Relevant）：学习目标和游戏形式、游戏内容、游戏团队都必须是相关的，不要背道而驰或者产生互斥性。

时效性（Time-based）：需要设定在一定的时间内完成（目标不能是不需要花费时间就能实现的，也不能是花费无限的时间都不一定能实现的）。①

长线任务的教学设计有两个游戏化考虑，首先这是整个工作坊的最终课程任务，我们希望尽早地提出它，并且要求学员们把目标细化。这就类似玩家在进入游戏后，能够明确地知道自己的主线任务是什么，知道自己最终该干什么、往哪走，并且能够根据目标分析出进行游戏的策略。另外一个考虑是希望学员们能够提早开始设计课程作业，并随着课程不断的推进持续迭代优化。

为了让学员们更加科学地设定教育游戏的机制，这里加入了一个小课堂，选择了一个应用比较广泛的关于学习的理论——布鲁姆教育目标分类法修订版（Bloom's Revised Taxonomy）。

布鲁姆分类法，是由美国著名教育心理学家本杰明·布鲁姆②提出并以其命名的一套理论。后来经由认知心理学家、课程理论家、教学研究人员，

---

① Drucker, P. (2017). *Practice of Management*. London: Routledge.

② 本杰明·布鲁姆（Benjamin Bloom，1913—1999）是一位美国教育心理学家，为教育目标的分类和精通学习的理论做出了贡献。

以及测试和评估等领域的一众专家于 2001 年共同改进并发表修订版。[①] 这套理论将人的认知过程分为六个级别，其中从底部的低阶思维技能到顶部的高阶思维技能分别如下：

记忆：能够从长期记忆中提取相关知识。

理解：能掌握包括口头、书面、图表等各种形式的教育教学信息的意义。

应用：能在特定的情况下执行或使用一套流程。

分析：能够将材料分解成组成部分，并理解各个部分之间的关系以及部分与整体结构或目的的关系。

评论：基于一定的准则或标准去评判的能力。

创造：将元素综合到一起形成一个连贯的、具有功能性的整体；或将元素重新组织成一个全新的模式或结构。

对于教育工作者而言，这个理论可以作为一个参考体系，用于设计教学目标、评估方法和教学活动。前面我讲述了加涅的学习理论对于关卡设计的借鉴意义，也讲到了林田宏一所运用的起承转结的设计方法。所以，我们不难理解教学理论是可以和游戏的进程设计紧密相关的，经典的学习理论都可以运用在游戏的关卡设计中，教育游戏的进程需要能够反馈出玩家学习／新掌握了多少知识／能力。换句话说，如果学习的过程是记忆、理解、应用、分析、评论、创造的顺序，那么游戏的进程设计／关卡设计也应该按照这个脉络展开，对玩家按照这个层次进行考察，并将结果告知他们。

---

① Anderson, L. W. et al., eds. (2001). *A Taxonomy for Learning, Teaching, and Assessing: A Revision of Bloom's Taxonomy of Educational Objectives*. London: Longman.

5.5 游戏的商业化要素——21点与斗地主改编

在长线任务之外，这个课堂会继续给出短期的游戏化小任务。那么，接下来是一个帮同学们理解游戏的商业化要素有哪些的支线小任务——混合机制的改编。从这个游戏化任务本身来讲，我们希望它能有更多的限制，甚至是一些比较苛刻的限制，因为这种外部带来的限制本身就是商业化游戏的重要特征。于是我和托马斯教授决定每人选一个自己比较熟悉的游戏规则，让同学们进行组合性改编。托马斯教授推选了西方文化中为人熟知的"21点"游戏规则，倾向于国际化；而我推选了斗地主游戏规则，这是一个已经深度本土化的游戏。

21点的规则：又名"黑杰克"（Blackjack），起源于16世纪的法国，由2到5个人玩，使用4副扑克除大小王之外的208张牌，游戏者轮流要牌，目标是使手中的牌的点数之和尽量大但不超过21点。

斗地主的规则：斗地主是一种在中国流行的扑克游戏，游戏最少由3个玩家进行，用一副扑克的54张牌（包括鬼牌），其中一方为地主，其余两名玩家为另一方，双方对战，先出完牌的一方获胜。

两个游戏的规则在不同的地方可能还有很多细节上的差异，但游戏的主干大同小异，所以我们认为这些差异不影响课程任务的执行，就不将之纳入考虑了。

课程任务要求：在60分钟以内，各组将斗地主和21点的玩法相结合，设计成一个**新的商业游戏**，要求在组合了两款游戏并进行创新的同时，要仍然能够使玩家看出有哪些玩法来自于原本的游戏机制。

设计完成后，各组轮流进行展示，展示形式与可采取的手段不限。而且这次展示环节的评判标准有变化，所有学员需要把被展示对象想象成游戏界的投资人，展示小组需要想方设法说服"投资人"认可自己的这款游戏，每个"投资人"需要从三个角度去衡量到底要不要投资这款游戏：

创意（innovation）

展示效果（presentation）

市场价值（market value）

本次实践项目与上一次的井字棋改编有着完全不一样的目的，这主要体现在，两次设计完成后，用户接触游戏的方式不同：第一次是经过亲身试玩来作出评价，而第二次用户仅仅是坐在台下听开发者的介绍。因此，对于井字棋改编实践而言，试玩的体验是最重要的，游戏不能有明显的短板，因而也重视规则的清晰程度、游戏的趣味性与重玩性等；但这次这种改编实践则通常出现在一个项目开发的初期阶段，此时游戏可能还有许多的不足，但最重要的是要有足够有吸引力的亮点，要能带给听众耳目一新的感觉。影响产生这种感觉的最重要的因素也就是我们给出的评分标准：游戏的创新度、展示效果，以及潜在的市场价值。我们希望通过这样的课程规则设置，让各小组直观地感受到其中的变化，体会到游戏设计中商业化要素的作用。为了更好地达成这样的效果，我们还真的请来了一些投资人和其他同事，其中有些完全不了解这个项目，甚至也不太了解游戏。

由于这次的游戏设计任务不仅仅包含设计本身，其实还包含了最后的展示任务，在这种情况下，各小组在这 60 分钟的紧张工作中，也较之前发生了很大的变化。小组成员们对于游戏的方案设计、展示效果以及盈利模式几个要素的排序产生了不同的意见。这个时候教师会介入并辅助引导每个小组，在 60 分钟内不应该所有人都只专注在游戏机制的设计上，而应将队伍分成几个部门，比如可以派一个人去其他组进行调研，又比如安排一个人专门准备如何演讲。因为此次的实践练习是将小组作为一个真正的公司而不是设计团队来看待的，一个真正的游戏公司内部应该有明确的分工，从而可以完成更多的任务。这些分工，不会强推给学生，但是会在计时器开始后，由教师进行引导。

> 学员提问：用改编机制的方法去设计游戏，是正确的方式吗？效果真的好吗？
>
> 导师回答：在已有的游戏的基础上进行再创造，是一个非常实用的游戏设计入门手法，虽然听起来这是一件有诸多限制的任务，但正因为不是漫无目的地去做一件事情，所以可以使团队的方向更明确。有时候限制越多，越可能激发人的创造力。当只给学生一张白纸让他们无中生有想创意的时候，大部分时候大家都会想出一些相似的点子，但是井字棋改编虽然是一个限制性的题目，在世界各地的游戏课程中被布置过上百次了，实际上却几乎没有学生设计出重复的游戏。

那么这个课程目标的设计，也会引导一个开放式的结果，我们不会放大和强化最终是否获得投资或分数高低，而是会尽量给出详尽的点评。这个阶段我们不希望玩家聚焦在结果，而是希望玩家通过课程目标的转化，更好地理解游戏中的商业化要素，理解制作一款商业化的游戏和开发一款自己认为好玩的游戏的路径差异。

5.6　教育类游戏原型设计——"中国地理知识"命题创作

在经历了多个支线任务的设计后，各个小组已经具备了制作教育游戏的"学习条件"了，到这里就可以正式开启教育游戏的实践练习了。为了给最终的课程任务做准备，我们给出了一个非常类似本课程主线任务的命题创作任务：

中国有 34 个省级行政区，除去直辖市和特别行政区外，剩下的 28 个省级行政区分别有其对应的省会城市。这个任务要求各组针对 19—21 岁的玩家设计一款桌面游戏，游戏目标是让玩家记住中国每个**省份的名字、省会的名字**，以及省会和省份的**地理位置**，这是一个非常典型的符合"SMART"原则的学习目标。

设计过程中需要遵守如下规则：

（1）延续商业化游戏中我们学习到的内容，每组必须将人员划分成多个不同的部门，负责不同的工作内容，以达到资源最大化。

（2）在头脑风暴阶段，前两个大家都认为好的想法，暂时不能采用，整个组需要继续思考和讨论，直到全组都认为好的想法超过了三个时，小组才可以进行投票，选择并敲定最终想法。

（3）每组有两小时的时间来完成最初的游戏骨架。设计结束后，各组分别对他组的游戏进行试玩，并分析各自的优缺点。

（4）体验结束后，小组之间相互打分，每组要给其他所有小组打分，满分 10 分。这一次的分数，将首次被强调，我们会在一开始明确告知学员这次的分数会计入最终成绩。

读者朋友们可以注意到，这个任务集合了之前多个小任务的

要求，是在学生们都熟悉了 A、B、C 多项技能后，进行的一次
"A+B+C"式的技能组合的练习，为最终的课程任务做准备。在两
小时以内设计出一款教育游戏，时间上肯定是非常紧张的，所以每
个小组讨论得都很激烈，很快各个小组就进入到设计阶段，两小时
的时间一到，大家基本都准时完成了游戏。这个时候由导师们组织，
开启每个小组轮番体验的过程，要求很简单，以组为单位，每组必
须要体验其他所有小组的游戏，同时给出分数。这个过程就比较激
烈也比较耗时了，大家都努力和其他组员阐释自己团队制作的游戏
有哪些特点。

这个激烈的过程结束后，我们迫使大家集中并安静下来。教师团
队开始逐一收集分数，准备把每组的最终分数登记在黑板上。这是为
了营造一个比较有仪式感的过程，因为这次的分数需要通过公示进行
强化。

图 5-9　小组成员在计算分数

在最终分数计算出来后，大家有的满意，也有的比较失落。接下来，所有学员即将迎来一个隐藏的课程机制：**我们要求小组之间交换自己制作的游戏以进行轮换设计，各小组按顺时针方向依次交换并修改**（也可以依据其他规则，比如分数）。

也就是说，每组将自己的游戏原型交给紧挨着他们位置的下一组，并接手上一组的游戏进行进一步的修改与完善。这个消息公布后，整个教室沸腾了，不管是否喜欢，大家都必须开始思考顺时针方向上一个小组的游戏了。

前面提到，要求每组必须搁置前两个想法，在有了第三个想法后才能开始选择并进入设计。所以，经过两个小时的努力，各组均有三个以上的想法，而且自然也是在各自的方案上花了一番心血。现在，这个课程机制带来大转折，学员们的反应完全是预期中的一环流程。于是导师们在大家热烈的讨论声中告诉大家：**这次修改有一晚上的时间，第二天早上 9：00 开启轮流体验和评分。**

这里我想说明一下，这个隐藏机制的设计有明确的用意。其实，学员们在给其他组提建议的时候，都是以旁观者的视角去品头论足，只有当他们完全转换了角度，才会产生更为有效的反馈意见。另一方面，组别之间的轮换设计有助于帮助大家打破局限性，不仅会使各组互相之间的交流变得更频繁，而且不同思路的设计理念这里"被迫"形成了融合。

课程进行到这里，学员的提问与反馈量大幅提升，选取几个放在这里。

学员提问：这两天布置的作业大部分都是要求在 30 分钟到两个小时内完成一款新的设计，这个时间太有限，对于预想的设计而言不够用，可否延长一些时间？

导师回答：首先，无论是在这里上课，还是制作游戏，还是未来在任何一家企业工作，永远都会有一个时限，且时间永远都是不够的，我们必须适应这个状态，并学会在时间不够的情况下去划分、安排时间。其次，团队作业时，集中头脑风暴的有效思考时间一般不会超过 2 小时，即使给出更多的时间，也不见得可以产生更好的效果。

学员提问：在实践过程中，很容易在头脑风暴阶段花费太多时间，导致后来的制作时间不够，应如何应对？

导师回答：不应该明确地将头脑风暴和制作划分为两个互相孤立的阶段，因为无论一款游戏的制作进展到了哪一步，都应当永远准备好迎接一个全新的想法，因为很有可能关于一款游戏的最棒的那个想法会是在游戏开始制作之后才出现的。对于这种情况，一个有效的方法是实时收集这些想法，并迅速判断它是否可以立即实现，还是可以保留到未来迭代的阶段再加进去。在制作游戏的任何一个阶段，团队不再关注新的想法的话，就会失去创造力。当组员都不想提出新想法的时候，这个项目就完了。任何一个想法都不应被忽略，如果你觉得某个想法会把整个项目拉到另一个方向或完全不可行的时候，也不要直接否定这个想法，而是考虑如何把它改变得更好。

学员提问：感觉头脑风暴时，组员不够，是否可以增加组员？

导师回答：根据经验，一个创意设计团队最好的组成人数是 4—6 人，一旦人数太多，有的组员的参与感就会变低。所以在头脑风暴阶段，人数多并不见得有效。而对于一个团队的组成来说，更重要的是多样化——包括不同性别、不同文化和教育背景的组员。作为社会人，我们总习惯性地结交与我们类似的志同道合的人，不太愿意和不同的人交往合作。但是对于进行创意工作的人来说，最需要的就是多元化的交流。所以我们应尽量去与知识背景不一样的人交流，询问他的想法，以拓展游戏设计的维度。

学员提问：这几天我们一直在不断地设计新游戏，没有给我们时间完善已经做完的游戏，为什么？

导师回答：因为前两天我们一直还处于准备阶段，直到今天开始才会进行到迭代的这一步。有时，人们在学习中可能会通过其他途径得知一些做法，但是当人的知识储备没有到达一定程度的时候，不应该过早地进入下一个阶段。而一个健康的游戏设计流程，正应该是在前期不断推翻自己的想法的过程中，为最终的大作业做充足的准备。

由于经历了前面几个很短促的游戏设计过程，这个"一整夜的研发时间"就显得格外难得，加之前面要求大家有三个以上的共同认可的想法，方案的形成显得非常"坎坷"，此时，学员们不仅需要熟悉自己拿到的其他小组的产品，同时也对别人把自己之前的产品改成了什么样子格外好奇，所以每个小组都留在教室工作到凌晨，课程的游戏化设计看到了成效，每个小组的内在动机都被充分调动起来了。

第二天的课上，每个人都花费了很长的时间去仔细体验其他组的游戏，所以这次的玩测比较漫长。大概有接近两个小时，所有人才完成了游戏体验，开始进入打分环节。有别于上次的机制，我们要求每个人以个人为单位，为其他组进行打分。这次打分的环节，我们强调对制作团队进行评价。因为这次作业存在让小组轮换作品的情况，所以这个针对制作团队本身的评价，包括了与轮换组的配合程度的评价。

评分结束后，托马斯教授继续分享了一个关于认知偏差（human bias）的小课堂：

一名学生在讲台前掷硬币，另一名同学在黑板上记录正面与反面分别出现的次数，其他学员在台下作为观测者。在游戏开始前，大家都知道硬币掷到正面和反面的概率都是50%。

最开始，正反面的数量的确非常接近，但到了某个时间，丢硬币的学生开始连续投掷出正面，当正面连续出现的次数超过五次时，教授让他停下来，并根据目前的情况询问大家：下一次投掷硬币，继续掷出正面的概率是多少？

此时，有一部分人认为继续出现正面的概率小于50%了。

然而事实是，这个概率从未改变，一直都是50%。在连续出现正面时认为下一次出现背面的概率更大的这种心理，是人类的一种认知偏差。而对于游戏设计者，这种认知偏差是可以被利用到游戏设计中去的。作为游戏设计者，我们应该对这个原理有所了解，并加以合理的运用。

5.7 教育游戏制作总结

前面已经讲过了关于为游戏制定教育目标的原则和参考体系，并且投放了一个长线游戏任务——让每一组提前思考一下，想要制作的教育游戏的内容。那么，在经历了一周的游戏化学习之后，有些组已经确定了自己的教育游戏主题，也有些组又找到了新的教育游戏方向。在开始游戏设计之前，为了强化理解，教师团队引导所有学员，对课程中所学习的内容进行了回顾：

从对现有游戏机制的改编开始

游戏规则说明，或如何让玩家理解规则

游戏的核心趣味性与可重玩性

如何设定教育游戏的学习目标

内在动机与外在动机

产品面对市场有哪些竞争力？

快速制作产品原型

交由玩家体验

评定玩家反馈的有效性

整个研发流程的时间分配、人员分配

教育游戏中学习目标领域的专家的引入

对这些内容的回顾，是通过请一些组员上台分享，大家在交流与讨论中逐步梳理出来的，也会有很多学员提出超出这个范围的收获。在回顾了所有学习内容后，教师团队向学员们分享了最后一个知识小课堂，即在游戏中如何评估学习成果：

为游戏的教育目标设计一个明确的评估方式，即如何判断玩家玩完这个游戏以后，的确达到了我们的教育目标？在传统的学习方式里，我们用考试来实现这个目的。通常而言，当一个学生在一个考试中能够达到80—90分，他就可以被认为是优秀的学生了。但是，实际上社会的运转方式与我们的教育体系是不同的。想象你第二天要乘坐一架飞机，并被告知这辆飞机在90%的时间内都是安全的，你是否放心乘坐这架飞机呢？答案是否定的。游戏的运转方式应该与之类似。我们知道百米赛跑也可以被视为一种游戏，如果有参赛选手在跑到90米的时候停下来，会怎样？答案是他不会获得任何名次（而非获得90分），甚至不能说他是输了这场比赛，因为只有最后一个到达终点的选手会被认为是输了比赛，而根本没有到达终点的选手，是会被判为失去比赛资格的。

同理，在一款游戏中也应如此，玩家只要完成了游戏的某个进程（或者说通过特定关卡），就说明他已经完全掌握了这个知识（否则，他将根本无法完成游戏）。我们可以根据他完成过程中的一些细节得出相关的评测数据，而绝对不应该在他完成游戏后，还要通过某些额外的测试才能知道他是否掌握了知识。只有这样，才能使完成游戏的动力成为学习的动力，也才能使玩家在结束游戏后清楚地知道这款游戏给他带来了什么收获。

最后，我分享几张学员们完成的最终作业的图片。

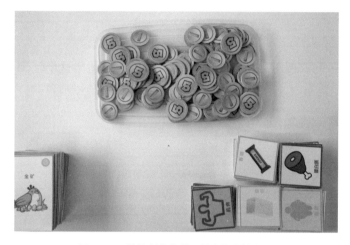

图 5-10　学员制作的关于健康饮食的游戏

图 5-11　以初中基础电路图知识为主题的双人对抗游戏

图 5-12　关于全球农作物资源分布的游戏

5.8　关于给游戏设置可学习性分级的思考

针对游戏与学习的关系的研究，可以带来很多有意义的思考，也对行业的发展以及游戏学术研究领域的推进有着非常广泛的效用。比如，游戏与学习的关系是一个对游戏产品进行分类分级的很好的指标。现在行业对于游戏产品的分类分级建议，主要集中在限制游戏中的不健康内容，限制未成年玩家的游戏时间。比如，中国音数协 2020 年度中国游戏产业年会上发布的《网络游戏适龄提示》的参考标准，就内容与年龄的适配给予了建议。这些规定当然都是非常有效且必要的。下面我依据游戏与学习的关系，从另一个角度思考给出一个积极向的游戏分类分级参考指标——游戏学习指数。

通过前面的内容，我们认识到游戏和学习有很多的交集。但是这指的是游戏概念本体与学习的关系，而落实到具体的某一款游戏，其交集的大小就有差异了。比如，围棋当然是学习性很强的游戏，以至于家长可能都不会觉得围棋是游戏；而扑克的学习性就比较弱，如果一个小孩子总去打扑克，可能就不会给人留下什么好印象。这种笼统的感知是客观存在的，也是可以量化的。我们可以通过游戏和学习的关系，为游戏中的学习指数找到三方面的参考基准，分别是：问题难度、信息大小、随机比率。

解决问题的难度

我们从前文提及的一些学习理论中提取出与游戏中解决问题的难度紧密相关的两个维度——认知与动作。在一款游戏中，维度越多，游戏的难度越强，可以说游戏的学习性也就越强。比如高尔夫球，既需要玩家有一定的认知策略，同时也需要玩家的动作协调，所以是一款"全世界最难的球类运动"。

认知和动作是解决问题的难度的两个横向维度，而从纵向维度来说，可以把它们各分成三个层级。其中，认知技能的纵向维度包括这三个层级：

表 5-2　关于认知维度的分层

层级	内容
A. 辨别与记忆（1分）	是基本图式建立的过程中，非此即彼的认知过程。比如，在扑克中，Q 比 J 大。
B. 基础规则（1分）	形成了基础的互相关联的规则系统。比如，扑克的一种玩法，一个循环牵制的系统。
C. 高级规则（1—3分）	形成了多个互相关联的复杂规则系统群，包括由于对抗带来的动态系统变化。比如，大型网络游戏中复杂的系统群；或在围棋中，每一次玩家操作带来的局势变化。高级规则一定会触发玩家对认知策略的抉择，触发玩家问题解决的策略方法。

那么关于动作，我们通常分为精细动作以及肌肉动作两个方向。精细是指手指及腕关节的控制，针对很多幼儿的玩具，都是对精细动作的挑战，电子游戏的键鼠操作也属于精细动作的范畴；而大肌肉动作是指运用到整个身体的运动内容，比如游泳、跳跃、打网球等。对于不同的人，获得精细动作和大肌肉动作技能的难易程度，显然是存在个体差异的。很多研究已经表明，这两种动作之间只有较低的相关度，在一方面做得好对于另一方面并没有特别大的帮助。根据游戏与这两种动作类型的关联，我们大致可以将动作维度分为三个层级来分析：

表 5-3　关于动作维度的分层

层级	内容
A. 不连续单一动作（1分）	对于游戏中基础规则的反应，通常比较短促且单一，比如跳绳或者打地鼠之类的游戏。
B. 连续闭环动作（1分）	要求玩家自身完成一系列动作进行协调，比如跑步、游泳、高尔夫的挥杆动作，或者键盘鼠标的系列操作。
C. 连续开放动作（1—3分）	要求玩家针对外界的变化做出一系列组合动作或复杂的反馈，比如篮球、足球、网球等球类运动。

游戏中的情感与信息要素

玩家的游戏行为是需要前置条件的。如果不认识黑白两个颜色，就无法下围棋。如果不了解基础的人类信息，玩《文明》会有些吃力。如果对二战没有基础认识，在进行《这是我的战争》游戏后，情感触动会比较弱。所以，一款游戏中情感与信息的要素，也同样是学习内容。我们可以从信息的含量、信息的客观性、共鸣与转变三方面来审视游戏中的情感与信息要素。

表 5-4　关于情感与信息的分类

层级	内容
A. 信息含量较大（1分）	七巧板只需要玩家认识 7 块图形信息；石头剪刀布需要玩家认识 3 个手势；而类似《英雄联盟》《魔兽世界》这样的游戏，则需要玩家掌握大量的信息才能进行。
B. 信息的客观性（1分）	由于游戏的特殊性，游戏中的信息，可以是架空的虚构的信息，也可以是具有强烈客观性的信息。比如《星战前夜》或《文明》这样的游戏，包含大量的客观信息。
C. 共鸣与转变（1—3分）	游戏可以带给玩家的情感非常多样化，有时候可以引起玩家的深度共鸣或转变玩家的态度。比如，《风之旅人》这款游戏，带给众多玩家心灵的洗礼;《这是我的战争》带给许多玩家对于战争的新的认识。能够带给玩家共鸣与转变的游戏，都可以成为玩家获取信息的一种方式。

游戏中纯粹随机的比率

在前文中，我们提到了对于游戏中的随机性的理解，游戏中的随机性是游戏趣味的一个重要来源，所以游戏设计师都很重视随机性。但从另一个角度来说，游戏的随机性是影响游戏偏离学习的关键要素，如果一款游戏的随机性过强，甚至影响游戏的进程，那么其内容可能就偏离了学习的范畴。所以对于游戏的学习性的评测，也应该重视游戏中的随机性，给随机性做一个清晰的限定。

游戏随机性是否影响游戏进程：是□　否□　平衡□

表 5-5　关于游戏随机性的评定

层级	内容
A.影响游戏进程（-1分）	比如，摇骰子猜大小、石头剪刀布这类游戏，其随机性影响游戏进程；还有很多网络游戏，其随机抽卡所获得的角色属性过大，也属于影响了游戏进程。
B.不影响游戏的进程（1分）	指游戏中的随机性很少，或者不存在随机性内容的游戏。比如，围棋这类游戏，其进程基本上是由水平高的选手来控制的。又比如很多单机游戏大作，主要是对玩家设置了不同难度的挑战，不存在太多的随机性。
C.平衡（0分）	比如麻将，麻将之所以能够在民间经久不衰，也是因为其平衡性做得比较好。虽然麻将码牌的过程是随机的，但其牌的总量是可控的，所以玩家通过自身努力还是可以比较平衡地参与其中的。尤其是记忆力好的玩家，可以更好地记牌、算牌，控制游戏进程。

根据上述评测标准，理论上一款游戏的学习指数最高可以是 16 分，最低可以是 -1 分。当然，实际评测中，10 分左右就是很高的分数了，通常也不会出现负分。我们下面可以找几款游戏来评测一下试试，比如围棋、麻将、石头剪刀布以及《魔兽世界》《文明》《龙与地下城》。

表 5-6　围棋学习指数评测

类型	层级	是否得分
认知	A.辨别与记忆（1分）	√
	B.基础规则（1分）	√
	C.高级规则（1—3分）	3分

续表

类型	层级	是否得分
动作	A. 不连续单一动作（1分）	√
	B. 连续闭环动作（1分）	
	C. 连续开放动作（1—3分）	
情感与信息	A. 信息含量较大（1分）	
	B. 信息的客观性（1分）	
	C. 共鸣与转变（1—3分）	3分
随机性是否影响游戏进程	A. 影响游戏进程（-1分）	
	B. 不影响游戏的进程（1分）	√
	C. 平衡（0分）	
总分		10分

表 5-7　麻将学习指数评测

类型	层级	是否得分
认知	A. 辨别与记忆（1分）	√
	B. 基础规则（1分）	√
	C. 高级规则（1—3分）	
动作	A. 不连续单一动作（1分）	√
	B. 连续闭环动作（1分）	
	C. 连续开放动作（1—3分）	
情感与信息	A. 信息含量较大（1分）	
	B. 信息的客观性（1分）	
	C. 共鸣与转变（1—3分）	

续表

类型	层级	是否得分
随机性是否影响游戏进程	A. 影响游戏进程（-1分）	
	B. 不影响游戏的进程（1分）	
	C. 平衡（0分）	√
总分		4分

表 5-8 石头剪刀布学习指数评测

类型	层级	是否得分
认知	A. 辨别与记忆（1分）	√
	B. 基础规则（1分）	
	C. 高级规则（1—3分）	
动作	A. 不连续单一动作（1分）	√
	B. 连续闭环动作（1分）	
	C. 连续开放动作（1—3分）	
情感与信息	A. 信息含量较大（1分）	
	B. 信息的客观性（1分）	
	C. 共鸣与转变（1—3分）	
随机性是否影响游戏进程	A. 影响游戏进程（-1分）	√
	B. 不影响游戏的进程（1分）	
	C. 平衡（0分）	
总分		1分

表 5-9 《魔兽世界》学习指数评测

类型	层级	是否得分
认知	A. 辨别与记忆（1分）	√
	B. 基础规则（1分）	√
	C. 高级规则（1—3分）	1分
动作	A. 不连续单一动作（1分）	√
	B. 连续闭环动作（1分）	√
	C. 连续开放动作（1—3分）	√
情感与信息	A. 信息含量较大（1分）	√
	B. 信息的客观性（1分）	
	C. 共鸣与转变（1—3分）	1分
随机性是否影响游戏进程	A. 影响游戏进程（-1分）	
	B. 不影响游戏的进程（1分）	√
	C. 平衡（0分）	
总分		9分

表 5-10 《文明》学习指数评测

类型	层级	是否得分
认知	A. 辨别与记忆（1分）	√
	B. 基础规则（1分）	√
	C. 高级规则（1—3分）	1分
动作	A. 不连续单一动作（1分）	√
	B. 连续闭环动作（1分）	√
	C. 连续开放动作（1—3分）	

续表

类型	层级	是否得分
情感与信息	A. 信息含量较大（1分）	√
	B. 信息的客观性（1分）	√
	C. 共鸣与转变（1—3分）	2分
随机性是否影响游戏进程	A. 影响游戏进程（-1分）	
	B. 不影响游戏的进程（1分）	√
	C. 平衡（0分）	
总分		10分

表 5-11 《龙与地下城》学习指数评测

类型	层级	是否得分
认知	A. 辨别与记忆（1分）	√
	B. 基础规则（1分）	√
	C. 高级规则（1—3分）	2分
动作	A. 不连续单一动作（1分）	√
	B. 连续闭环动作（1分）	√
	C. 连续开放动作（1—3分）	
情感与信息	A. 信息含量较大（1分）	√
	B. 信息的客观性（1分）	
	C. 共鸣与转变（1—3分）	1分
随机性是否影响游戏进程	A. 影响游戏进程（-1分）	
	B. 不影响游戏的进程（1分）	√
	C. 平衡（0分）	
总分		9分

第六章　游戏中的情感设计

"书与游戏"工作坊

这一章我会通过介绍一门名为"书与游戏"的课程，来传达游戏中情感设计的思路与方法。"书与游戏"这门课是我从事游戏教育工作以来，一直坚持在做的教学尝试。在这里给读者朋友们分享这门课程是出于两个考虑：其一，课程的很多设计思路与课程安排，与游戏中情感设计的方法与流程有诸多共通之处；其二，游戏的情感设计是比较抽象的，没有成熟的设计方法论。而课程中贯穿的相关领域的设计方法论，以及课程本身的设计思路与具体的作业案例，能够使读者们更好地理解情感设计的要点。

6.1　为什么是"书与游戏"

之所以会做"书与游戏"这样一个课题，最早还是源于对于行业的一些思考。在游戏、电影、动漫等被称为泛娱乐的领域内，IP 是大家都很熟悉的一个概念①。很多 IP 源自于人物，源自于历史，或源自于一本小说、一套书籍。

---

① IP 的定义是知识产权（intellectual property），包括由发明专利、商标、工业（转下页）

事实上，有很多书籍是拥有大量的读者粉丝的，比如英国著名作家阿加莎·克里斯蒂，她的著作销量高达 20 亿册，仅次于《圣经》和莎士比亚的著作，按照销量估值，她创造的 IP 可以说是 IP 中的顶流。其中《东方快车谋杀案》和《无人生还》都被数次改编为经典电影，但她的著作改编为游戏却鲜有案例，这是什么原因呢？再举个例子，中国四大名著里《三国演义》《西游记》都是名副其实的 IP 改编重灾区，不仅在电影、电视剧行业是重灾区，在游戏领域更是被广泛改编。但是，同为四大名著之一的《红楼梦》，却很少听说有为人熟知的游戏改编。

这一般是两个原因所致，首先是很多 IP 的用户群体与游戏的用户群体重合度并不高；另外就是原著的游戏元素有限，其结构不适合游戏的表达方式，改编难度非常大。诚然，适合用来做游戏改编的故事，要么是有奇幻、对抗、策略、挑战、谜题等要素，要么就是它的用户群体的年龄、经历与游戏用户高度重合，具有较好的改编价值。这也是为什么《三国演义》《西游记》两本著作，被大大小小的游戏研发商乐此不疲地反复使用。

但是，随着电子游戏市场的不断发展，以及玩家本身对于内容的要求更加多元细分，很多游戏研发商的思路也在发生转变。2021年中国游戏产业的市场规模突破 3000 亿元，相比于中国的影视、动

（接上页）的外观设计等方面组成的工业产权，也包括自然科学、社会科学以及文学、音乐、戏剧、绘画、雕塑和摄影等方面的作品版权。在当下的商业运作中，IP 这个词的使用有些许泛滥且没有明确的定义。阑夕曾说："判断一个内容是不是 IP，只看一个标准：它能否凭自身的吸引力，挣脱单一平台的束缚，在多个平台上获得流量，进行分发。"而罗振宇则认为，"IP 实质上是新人格，是在社会公共空间中，突然多出来的这么一个新角色、新玩家，他和很多人仿佛是老友，但实际上又未必真实存在"。

漫等其他文化领域，这是非常耀眼的成绩。但是不得不承认，中国的游戏产品缺乏情感，整个产业在文化影响力方面，不及电影产业。所以，对于未来的中国游戏市场，玩家期待的是像《塞尔达》《刺客信条》等具备强大情感同理能力、具备文化艺术影响力的作品。当然，这样的作品也自然会带来更大的经济效益。另外，随着互联网技术的革新进步、随着媒介的交叉融合，游戏产品的内容形式越来越多元融合，比如《底特律：成为人类》①《隐形守护者》②《她的故事》③《佛罗伦萨》④ 这类游戏，融入了大量的影视戏剧语言，将叙事的情感融入游戏语言，令无数玩家感动落泪。

　　因此，无论是市场的倒推力还是媒介技术的助力，都促使我思考有没有一种新的教学方式，能够帮助学生跳脱出现有游戏制作的条条框框，更多地从人类的情感、从内容本身出发去思考游戏设计，这个时候"游戏翻译"的想法就涌现了出来。于是我开始搜寻一些传统意义上来说与游戏相距甚远的书籍，比如《人类群星闪耀时》《苏菲的世界》《人间失格》等。正如前文提到的，游戏可以挑战技能，也可以传达信息。那么，游戏制作人能否根据游戏这个媒介的特点，从《苏菲的世界》获得灵感，制作一款哲学启蒙的解谜游戏呢？又或者

① 《底特律：成为人类》，由量子梦（Quantic Dream）于 2018 年推出的互动电影类游戏，以人工智能为题材，采用了电影级 CG 制作，根据玩家的不同选择可产生不同的游戏结局。
② New One Studio 创作的一款互动叙事类游戏，其中的画面均由真人演员出镜，共有 4 条主线，100 个分支结局。
③ 独立制作人萨姆·巴洛（Sam Barlow）开发的一款非线性叙事解谜游戏，玩家需要在警方的录音存档中根据自己的推理、判断搜索不同的关键词，自行拼凑出故事的全貌。
④ 《佛罗伦萨》是一款类似互动解谜书的交互产品，讲述了一个女孩的恋爱故事，其制作者王友健也是《纪念碑谷》的主设计师。这款作品后来登录了包括苹果、安卓、switch 在内的很多平台，广受玩家好评。

能否从《人类群星闪耀时》获得灵感，通过游戏的机制驱动性，让玩家深刻地感受到伟大的历史更迭瞬间呢？再或者能否通过游戏，让人感觉到一种特别的生活态度呢？这些内容用游戏去表达无疑是困难的，有挑战的，带有研究性质而且制作周期会很长。对于很多商业主体来说，这的确是具有风险的投入。但是，对于游戏创作者、游戏研究者尤其是游戏专业的学生来说，这却是令人兴奋的课题，甚至可以说是更加有效的。那些我们认为不适合游戏的题材、比较难改编的书籍，它们的难是相较于三国、西游、魔幻等题材来说的，是单就把一款游戏制作出来而言的。而如果从设计出一款能够表达情感，能够触发玩家共鸣的产品来说，从一本好的书籍出发，应该说是一种更为有效的训练路径。就好像一部好的影视作品，往往都要有它的原型故事，或者要从改编一部经典的小说开始。因为这是创作者站在另一个创作者的肩膀上进行再创作的尝试。在学习游戏设计的道路上，这是比研究现存的商业游戏更有价值、更有收获的工作，是未来游戏多元化发展的方向，对于学生来说是最划算的"生意"。

> 　　由南加州大学游戏设计系教授特蕾西·富勒顿（Tracy Fullerton）牵头，花费近十年时间打造的《瓦尔登湖》游戏，就是改编自美国作家、哲学家梭罗的原著《瓦尔登湖》。可以说，这个游戏作品就是典型的具有挑战性的"游戏翻译"。整个游戏是对作者在瓦尔登湖自给自足的生活经历所进行的探索性的叙述表达和模拟。玩家将扮演梭罗，体验他曾经在1845年间的马萨诸塞州康科德镇瓦尔登湖畔的树林里享受独自生活的经历。创作团队希望玩家能够在孤独中找到一种安宁，一种沉思。
>
> 　　根据制作人富勒顿教授的介绍，这款游戏希望带来的一个核心感受就是"慢生活"，而这种"慢"的意义在于，梭罗当年的行为本身就是在做一个实验。因为1845年是一个特殊的时刻，出现了铁路、电报，社会和生活的节

奏都在不断加速，梭罗想要考虑的是，跟上这样的节奏，是件好事吗？时至今日，这种关于加速我们生活节奏的反思，更是一个我们需要重视的话题。梭罗的实验对我们现在正在体验的生活而言仍然有着深刻的意义，而富勒顿的游戏则试图以数字游戏的手段来再现这个"反思"。

图 6-1 《瓦尔登湖》游戏截图

十年间，游戏团队凭借匠人般的精神还原了梭罗小说中提到过的几乎所有动物、植物、环境，使得游戏的每一个场景都包含了无数的细节可供探寻。对应的每一处细节，都配有梭罗原著中的文字来进行说明，玩家也会收到城镇的亲人寄来的又或是森林另一处的朋友留下的书信可供阅读。同时，游戏中有8次季节的更迭，随着日出日落、季节变迁，周围的森林、动物都会发生改变，在这种改变中，玩家需要真正地探索我们独自生活时所需的基本知识，才能维持生存。游戏的制作过程要求对原作品有着深刻的理解，并提取出其中最核心的体验，使得游戏的所有画面、机制、剧情、音乐等都围绕着这个核心体验来展开。

6.2 从课程设计看游戏情感设计

课程形式

课程采取了创作课或者说工作坊的形式进行，学生以小组为单位完成作业，整个课程包括学生动手实践、教师辅导、理论知识课、讲座等内容。

课程目标

学习探索将抽象的情感要素转换为游戏机制的方法路径，让学生能够用游戏的语言重新阐述玩家的感受与情感，具备传达给玩家有效情感体验的设计能力。

让学生在动手实践中体验游戏创作的设计与迭代过程，并从中锻炼和提高自己思考分析问题与解决问题的能力。

锻炼学生们在面对情感创作时的团队协作能力与沟通能力。

课程结构

整个课程的时长有一定弹性，大概在48—68课时之间，但时间跨度一定会大于8周，课程安排不会过于集中，以给同学们思考的时间。

"书与游戏"课程有16周左右的安排，整个课程需要每个小组完成多个不同程度的游戏作品。整个课程可以分为三个大阶段，七个小阶段。

第一个大阶段包括"机制改编""机制即是信息""情感拼贴"三

个内容，学生们将通过"从机制到信息"和"从信息到机制"两种方式来设计几个互动体验作品，通过理论讲授与实践结合的方式逐步理解机制、信息、情感三个要素之间的关联。

第二个大阶段包括"游戏翻译"与"原型创作"两个内容，开始切入书本的主题。这一阶段通过讲授与实践结合的方式让学生们理解情感设计的要点，并通过两次游戏作业让同学们具备情感设计的能力，重点培养创作者对游戏核心体验设计的分析与思考能力。

第三个大阶段是"游戏创作"，教师以辅导为主，帮助学生们在思考、设计、测试、迭代中创作出具备良好情感表达的游戏作品。

整个课程的进行过程中，学生会制作5件交互/游戏作品，学生作品的演示汇报以及游戏试玩体验也会贯穿其中。

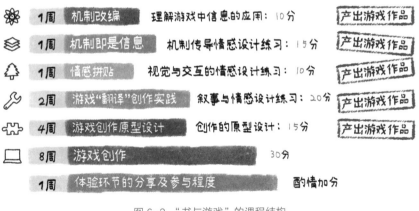

图6-2 "书与游戏"的课程结构

课程结构中的三个大阶段是课程的基本结构，而七个小阶段是可以根据课时长短去调整的内容。其实，课程的三个阶段，就是这类游戏的创作方法的体现。找到"情感与机制"的平衡，找到"游戏翻译"的方法，"遵循迭代创作"的理念，是游戏情感设计的基本创作流程。下面会详细介绍一下第一阶段和第二阶段的课程内容以及涉及的情感设计理念。

阅读、思考、碰撞

既然是"书与游戏"，那么课前阅读就非常重要了。刚开设这门课程时，我会让同学们自选书籍，作为改编的标的。这样的好处是同学们可以根据兴趣选择喜好的读物，坏处是不好把控选书范围，有的时候学生的内容选择可能会影响到授课的效果。这样就不得不和学生进行多次的探讨，不仅耽误时间，偶尔还会产生不可调和的鉴赏差异。这并不是我想看到的结果，也偏离了课程的授课目标。所以，随着课程逐步迭代，书籍的选择也逐步发展出了固定的范围，我会给学生们几本书，供他们阅读。在课程正式开始前四周左右，我会先把这份书单给到同学们。

有了阅读基础后，我会让学生们进行分组。喜欢同一本书、同一个故事的学生会更倾向于一起组队，导师们也会引导同学们根据自己对书籍内容的偏好形成团队。在成组之后，有一个比较重要的环节，是让同学们以组为单位对所选内容进行讨论。尽管小组的成员倾向于同一个故事内容，但往往大家切入的角度都不一样，转化为游戏设计的角度就差别更大了。课程开始的前三个小阶段，即"机制改编""机制即信息""情感拼贴"，都是关于抽象情感设计的讲解与练习，是不涉及具体故事内容去进行的改编，所以这个时候导师们会引导每组同学进行思考碰撞，从而对书籍有更为深入的理解。

6.3 情感设计的过程（第一阶段）——机制与信息的配方

6.3.1 机制改编——从简单的小游戏改编开始

课程的第一个小任务是机制改编，通常在这个阶段我们会为学生设定一些特殊的要求，让学生们根据这些要求与限制，着手对一款现有的简单的小游戏或者某些机制进行改编。

> 部分曾经做过的练习，供参考：
>
> ✔ 选择一款你熟悉的体育项目分析其竞技性，并对其进行游戏化的改编，使其充满不确定性。
>
> ✔ 将扑克牌中的"开火车"（又称钓鱼）玩法与石头剪刀布结合，设计一款新的游戏。
>
> ✔ 井字棋是典型的公开信息游戏，游戏的所有规则以及各类信息，都是可见的。在原有的传统井字棋玩法的基础上进行修改，使这款游戏变成一款具有大量隐藏信息的游戏（信息包括文字描述、图形、属性等）。
>
> ✔ 将蛇梯棋游戏从多人对抗游戏改编为多人合作游戏。
>
> （还有很多例子，不在这里赘述）

这个练习的主要目的在于：其一，由于整个课程是小组作业，能够让学生提前互相熟悉；其二，能够迅速且充分地让大家体会到构思一款游戏的机制的过程，激活大家的创意思维；其三，以此为引子，使大家在这个过程中学习一些游戏设计的基本概念与原理，例如MDA 理论（参见 3.2.10）等。

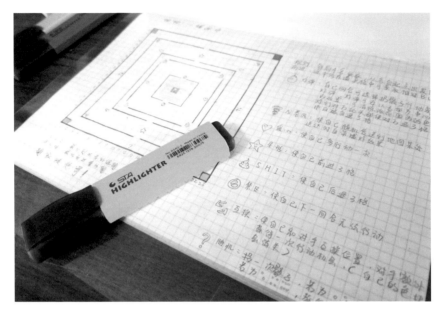

图 6-3　学生的笔记（从蛇梯棋改编桌面游戏）

在这个步骤完成后，导师会根据实际情况，让同学们互相进行体验，收集一下大家的反馈。接下来，要求学生在已经设计好的这款小游戏的基础上继续完善，并为这款游戏增添"意义"，包括且不限于：

游戏名称，以及一段关于游戏世界观、故事背景与设定的文字介绍。

定义玩家在游戏中的行为以及胜利目标等，赋予其含义。

根据设定的世界观，重新设计游戏元素（绘制新的棋盘、棋子等）。

这一步是为了让同学们初步接触游戏中机制与信息的关系，并尝试利用游戏机制合理地传达信息，也是让同学们体会设计游戏的一种路径与逻辑：先有机制，再有主题。请注意，这是其中一种路径，也可以是先有信息后有机制。

图 6-4　给蛇梯棋改编而来的游戏增加世界观

学生把蛇梯棋改编成了既有合作又有对抗的游戏，并为其添加了新的世界观等信息——警察追捕小偷。游戏由三名玩家一起参与，其中两名是警察，一名是小偷。三位都是通过掷骰子决定行走步数，小偷以偷到地图上的所有金块为胜利条件，两名警察以抓到小偷为胜利条件（任意一人抓到即可）。为保持游戏平衡，小偷可以钻入城市的井盖之间快速穿梭并且可以闯红绿灯，而警察则需要等待红绿灯。

6.3.2 机制即是信息——情感表达训练

在完成第一个热身阶段后，就进入课程的第二个训练目标：情感表达。这一阶段我们借用了心理学家罗伯特·普鲁契克的"情绪色轮"（Plutchik's Wheel of Emotions）理论，作为课程中情感分类的参照依据。

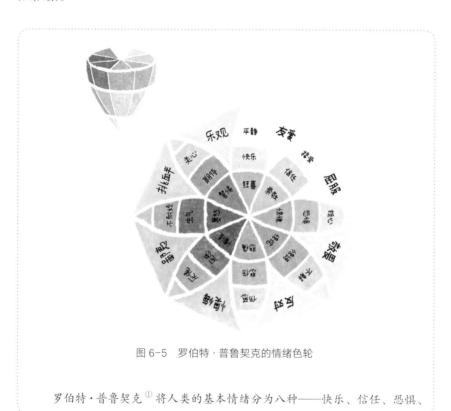

图 6-5 罗伯特·普鲁契克的情绪色轮

罗伯特·普鲁契克[①] 将人类的基本情绪分为八种——快乐、信任、恐惧、

---

① 罗伯特·普鲁契克（Robert Plutchik，1927—2006）情感研究领域的思想领袖，著名心理学家。他撰写或合著了 260 多篇文章、10 多本书。他的研究兴趣包括情绪研究、自杀和暴力研究，以及心理治疗过程研究。

惊讶、悲伤、厌恶、生气、期待，并认为其他情感都是在这八种基本情感的基础上混合派生出来的。这些基本情绪根据情绪的强烈程度分别演化成三种不同的细分情绪，例如，快乐的深一层是狂喜，而浅一层则是平静。同时每一种情绪都有其对立面，例如，快乐与悲伤相对，信任与厌恶相对。基于上述理论，普鲁契克在1980年绘制了情绪色轮，有平面和立体两种形式。立体模型以一个倒立的圆锥体的形式呈现。情感轮盘能够帮助使用者更好地理解情感之间的差别和联系。

以平面模型为例，八种基本情绪分布在环形圈上，其中相邻的情绪是相近的，而相对的情绪则是相反的，就像色轮一样。此外，不同的情绪组合起来还会产生更复杂的情绪，例如期待＋快乐＝乐观（与之相对的是悲观）。在图中，越接近圆心、颜色越深的部分代表情绪越强烈，不同情绪之间的差异性也越大；而越靠近外圈的情绪则越轻微，因此也相对趋同。

我们让学生从八种基本情绪中抽取1—2个词汇，根据所抽词汇完成一个表达相对应情感的交互设计，具体要求如下：

✔ 根据情绪色轮中的八个词——快乐、信任、恐惧、惊讶、悲伤、厌恶、生气、期待，每组从中任意抽取1—2个词，以之为母题进行情感机制的设计。

✔ 除了必要的说明性文字，原则上不允许出现叙事性文字。

✔ 不必是一款完整的游戏，但要求产出一个可交互的机制，可交由其他同学体验。

✔ 体验过程中不能对游戏规则进行解释或对玩家进行提示，体验过程由导师引导，并由导师组织学生在体验后依次对每款游戏进行分享交流。

下面我们来分析两组学生的情感表达作品。

机制即信息小作业《走到底》

图 6-6　互动体验游戏《走到底》玩法示意图
王宇晗等几位同学设计。

情感选择：惊吓、恐惧

交互机制：游戏设计者在地面上绘制出两条直线，两条线并不平行，从而形成一条由宽渐窄的路径，体验者站在较宽的起点处，蒙上眼睛同时身上粘贴三个气球并被告知，如踩到线身上的气球会被扎破。当一切准备完毕，玩家开始"盲走"，如身上三个气球均被扎破则宣告失败，如在三个气球被扎破前成功到达终点则视为挑战成功。

这是一个非常受欢迎的学生作品，制作者很好地利用了"盲走"给玩家带来的感受。读者可以想象一下，整个体验玩家会有怎样的情绪？学生在分析"惊吓"与"恐惧"情感时提取出了关键点，将情感拆解为两个关键元素，分别是"未知"与"突然袭来的变化"。这个游戏的互动体验是通过"蒙上眼睛"的方式来达成的，游戏过程中玩家获得了大量的非视觉信息。失去视觉信息的玩家，会格外放大其他感知，比如听觉，所以气球爆破会带来更加激烈的"惊吓"。

机制即信息小作业《梦》[①]

图 6-7 互动体验游戏《梦》游戏画面

何聘等几位同学设计。

情感选择：快乐（安全感）、恐惧（危机感）

学生描述的情感表达创作的灵感：梦境当中，并存着"快乐"与"恐惧"。恐惧是我们的"面对危机的不安"，快乐是我们的"虎口脱险后的安心"。在梦里，失重感是我们恐惧的一个来源，而在梦中紧紧握住什么能获得安全感和快乐？我们爱上做梦的根本原因不是美梦有多香，而是恐惧与快乐来回切换时的"刺激感"。正是这样一种刺激感，让我们对梦上瘾。

交互机制：游戏中有四件物品，小人、枕头、床、波浪。在游戏开始时，小人、枕头、床这三件物品分别按照不同的速度从屏幕上方

---

① 游戏体验地址 https://www.hardfun.cn/42358。

下落，而波浪缓缓从屏幕底部升起。游戏的核心目标是防止白色小人触碰下方波浪，否则游戏失败。而在游戏交互过程中，玩家可以拖拽小人、枕头和床三个物品，并向屏幕上方甩，使波浪不同程度地复原，使小人和波浪之间的空间更大。其中，向上拖拽最小最难抓到的枕头，能够产生的效果最大。小人一旦触碰波浪，梦醒，游戏立即结束。

这样的机制促使玩家非常专注地搜取游戏中的三件物品，并且需要手眼紧密配合去进行微小操作，同时需要判断拽哪个物品对局面更有利。同时游戏设计者给这个机制配上了一个梦境感很强的音乐，带给人一种奇妙的感受，使得玩家确实体验到了一种既快乐又恐惧的感受。

6.3.3 情感表达创作的互评

"书与游戏"的课程，也有玩家体验、互评的环节。但是考评标准里比较重要的两条是"情感识别"与"趣味性"。

课程人比较少的时候，我会要求每个创作小组都要量化收集其他同学的体验反馈，比如邀请体验者来猜测这一个互动体验所表达的是哪一种情绪，设计者根据反馈来思考自己的思路是否合理，效果是否达到了。

很多同学表示"评分并不重要，有意思的玩家反馈更重要"。比如《梦》这个作品，设计者就没有向玩家提供游戏规则说明，而是希望看到玩家在游戏中试图理解机制的行为过程。

"几乎所有的玩家都试图组合掉落的床、枕头、人三件物品，认为这样的组合可以触发游戏的某种机关或者认为可以通关游戏。而我们的游戏设计并没有这样的通关方式，"何聘同学说，"玩家之所以会

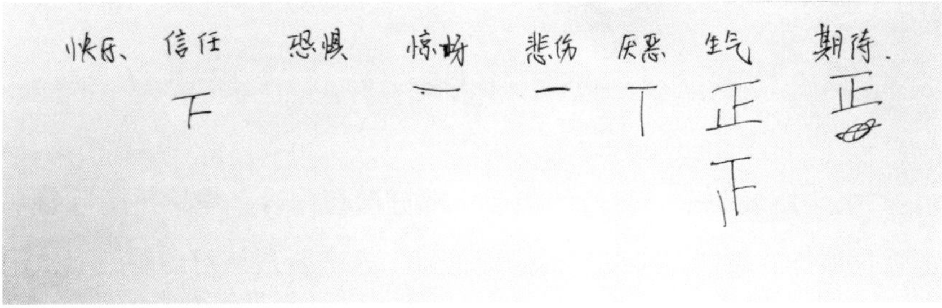

图 6-8　学生收集的情感反馈

这样做，我的猜测是，物品元素床、枕头、人在玩家的认知中是一个整体，所以玩家会下意识去将散开的三个元素进行组合。每次游戏后，玩家的反馈证实了我的猜测。"

　　针对这个问题，设计小组进行了解决方案的探讨，第一个方案首先是更换这三个元素，比如变为"睡帽""枕头""小熊"等平行地位的元素，这样玩家就不会产生组合元素的想法。而更有趣的是，设计者们觉得也可以在后续的游戏制作中利用这一点，去引导玩家组合元素，从而顺利地推动游戏进程。

　　《梦》这一组的设计者之一何聘同学描述对"机制即信息"作业的感想："面对情感设计内容，一定要多看玩家的行为反馈。这里不是指玩家的主观反馈，不要纠结于玩家对我们游戏设计的评价。而是通过观察玩家'出乎意料'的举动，找到可以用于设计的'规律'。比如我在这次测试环节，深刻体会了'组合元素'与'平行元素'的效用。比起熟练地运用美术和技术去包装游戏，我更在意运用单纯的游戏机制去设计游戏。当玩家给出建议或批评之时，设计者不去反向思考其中的道理而是向玩家"辩解"，这在我看来是不好的，我认为设计者应该更仔细地观察玩家的行为反馈，因为玩家永远是游戏实践中最好的老师。"

6.3.4　情感拼贴——一次强化练习

"书与游戏"第一阶段的最后一部分课程内容"情感拼贴"是一个强化训练的板块，是在"机制即信息"这个阶段练习的基础上，进行一次规则稍显苛刻的强化练习。其规则要求如下：

✓ 根据小组上次选择的母题，以其情感的反向词为此次创作练习的母题进行情感机制的设计。比如，上次我选择了"快乐、惊讶"，那么这次的母题则是"悲伤、期待"。

✓ 要求不能改变上次设计中使用的任何机制，只能改变信息要素。比如，上次小组使用了贪吃蛇的核心机制，创造了快乐的情绪，那么此次练习要在贪吃蛇的机制上创造出悲伤的情绪。

✓ *非必选项：根据授课的具体情况，要求学生们再做一个反向练习：要求小组在不改变任何信息要素的前提下，只改变游戏机制去实现完全相反的情感。比如，小组上次使用了绵羊、草地、摇滚乐创造了快乐的情绪，那么这次还是要使用这些信息要素，但通过机制的变化创造出悲伤的情绪。

✓ 其他创作要求同"机制即信息"。

通过"情感拼贴"的规则，我们可以看到，其训练目标是非常明确的，是希望同学们通过反复练习可以更好地掌握机制或信息在游戏中起到的作用，让设计者对游戏的设计工具有感知。其实，作为游戏设计师，这种小练习也可以经常自己尝试，甚至当创作者具备一定经验时，在实践条件不足的情况下，这种练习可以不断地在脑海中反复去"做"（当然，还是实践制作出来更佳）。当看到了任何觉得有趣的游戏时，试着去拆分它的机制要素与信息要素，去替换一部分并脑补一下感受，这种练习对于培养好的游戏创作者非常有帮助。

6.4 情感设计的过程（第二阶段）——游戏翻译

6.4.1 游戏翻译——信息传达训练

有了对抽象情感进行游戏化表达的基础后，接下来可以进一步深入，尝试用游戏传达更加具象的信息。这也就切入了课程的第二部分："游戏翻译"。

在这个部分，我给出了课程选定书籍《人类群星闪耀时》。将书中若干的精彩片段、语句或针对相关背景的思考，作为学生的创作素材，并以最能唤起学生创作思路的方式，给出了一些类似游戏命题的描述。这些内容包括：

游戏翻译部分创作素材

✓ 创作素材：请以亨德尔《弥赛亚》中第二幕终曲《哈里路亚》作为背景乐创作一款游戏。

✓ 创作素材："上帝机缘巧合使他当了三个小时的神明和天才，然后又轻蔑地把他重新抛回了微不足道的地位。"请根据这段话创作一款游戏。

✓ 创作素材：请根据《马丽恩巴德悲歌》的诗词内容，制作一款交互诗歌游戏；可以还原歌德的情感，也可以表达创作者的读后感。

✓ 创作素材：苏特尔怎么选择才能保住自己的金子？请根据这个问题创作一款游戏。

✓ 创作素材：用游戏再现陀思妥耶夫斯基被蒙上眼睛行刑时的情感体验。

✓ 创作素材：

"几个小黑点在一望无际的刺眼的白色幕布上形成了一条移动的线。"

"突然，五个人中的鲍尔斯显得有些不安，他的眼睛诧异地注视着无垠的雪地上的一个小黑点。"

"1 月 18 日，斯科特舰长和他的四位伙伴抵达南极。这里的一切在他眼中不再迷人，因为他们不再是第一批抵达这里的人，他呆滞而忧伤地看着这片伤心地。这里没有任何可看之物，什么也没有。"

上面是《争夺南极的斗争》中，英国探险队斯科特等一行人落后于挪威人到达南极点时的相关描述。请结合这些描述以及关于这个事件能够搜索到的相关信息，尝试制作一款献给失败者的游戏。

图 6-9　威斯汀、比阿兰德、哈塞尔、阿蒙森等抵达南极点^①

✓ 创作素材：收集列宁的信息，并设计一个与列宁本人互动的交互情景。

✓ 创作素材："罗马的所谓不受保护者名单，是指可以随意被他人杀害的人"——请根据这句话创作一款游戏。

✓ 创作素材："暴力必然会制造出暴力"——请根据这段话创作一款游戏。

✓ 创作素材：

秘书："要是一个人能知道自己什么时候死，那就好办了。"

托尔斯泰："一个人知道自己什么时候死，一点都不好。"

请根据这段对话创作一款游戏。

（以上仅列举了部分素材）

　　之所以给出这些"游戏翻译"的素材，是为了帮助学生们顺利开启自己的思考，迅速进入到组内热烈讨论的阶段，从而产生自发的创意思考。所以这些创作素材，本质上是用来启发学生的，仅在第二阶段的第一部分使用。到了第二部分"原型创作"时，学生就必须要根据自己对于书籍的理解进行创作，也就是需要推动学生自己总结一种核心体验。

　　所以，关于"游戏翻译"部分的考评标准，就是针对原书情感信息的传达是否充分。这里需要注意的是，我们希望是充分的传达，而不是让同学们进行机械化的信息转达或转译。"游戏翻译"练习的重中之重是情感信息的传达，是利用游戏机制去表达复杂的情感信息。

6.4.2 情感设计分层理论

"游戏翻译"进入了游戏情感设计课程最核心的部分，而在游戏之外，建筑领域、产品领域也都会谈论到情感设计。其实无论任何设计领域，当它开始探讨与人的关系时，都不可避免地涉及情感设计，所以在设计领域中有很多情感设计的相关理论可以借鉴，比如著名的设计大师唐纳德·A.诺曼的情感设计分层理论。诺曼从三个并列的维度思考情感设计：

> 本能维度（visceral level）：先天的感受。
>
> 行为维度（behavioral level）：使用的愉悦与效用。
>
> 反思维度（reflective level）：自我映射，自我满足，自我记忆。

结合前面几章讲述的游戏设计理论，诺曼教授的情感分层理论可以很好地应用在游戏设计中，在这里我们逐一拆解分析一下。

本能维度

人类演化过程中产生的对于事物的情感反射，是人类大脑活动中先天的维度，比如颜色、形状、质感、气味、声音或者其他自然情感反馈。在这个维度中，情感的发生非常迅速，容不下任何思考，人们可以在很短的时间内就立刻获得是好是坏、是危险还是安全的信息。这些情感信息大多是通过视觉规律、听觉规律以及人类的其他感受规律而抓取的。好的本能维度的情感设计产品，人们看到（或体验到）

之后，第一个想法是我想拥有它，然后才是考虑它的价格多少，它的功能是什么。那么游戏产品本身就是一个与本能需求息息相关的产物，挑战困难的操作、思考有趣的谜题都是人类与生俱来的本能。不过矛盾的是，"游戏"的本能情感很多时候并不是一目了然的，机制是需要人们通过阅读、观摩甚至是试玩才能够理解的。所以游戏产品往往还要通过大量的游戏之外的情感要素来吸引玩家，比如枪、车、球或者吸引人的角色等。

行为维度

行为维度主要是指大脑控制人类日常行为的层次，涉及设计实践的应用层面，关于一个设计内容如何应用，以及其应用过程中的一切要素。这个维度可以分为四个主要内容，分别是：功能、理解、使用、感受。其中前三个和电子游戏设计的关联非常紧密。

功能：指这个产品满足用户的核心诉求。这一点听起来似乎很简单，分析用户的需求，然后满足它不就可以了吗？其实，作为设计师，锁定用户的需求不是一件容易的事。用户需求并不是一道考试题目，静静地摆在我们面前，用户需求往往是隐藏在用户的行为当中的，需要一个调研发现的过程，需要设计者去观察用户，揭开用户的需求。而且对于创新创造的产品，大多数时候连用户自己都不知道自己的需求。比如电话刚发明的时候，大家认为它不适合进行日常闲聊，仅仅适合商务沟通。所以，真正的设计师一定要主动去发现需求，不是光靠听用户说出来的反馈，或者看填写的问卷，而是要在充分的观察、体验以及迭代试错后，通过分析论证得出需求。把这个理论应用在游戏设计中，我们会发现，游戏的首要功能是让参与者觉得有趣，而且对于商业游戏来说，这个"有趣的体验"必须是能让玩家觉得有价值的，比如无与伦比的沉浸感、美轮美奂的视听体验、让人欲罢不能的挑战等等。所以，发现"有趣"是游戏设计师的第一任务，并且这个任务同样是需要设计师通过大量的调研、观察、总结从而发现的，而不是仅仅通过存量的玩家的喜好反馈就定义了"有趣的体验"，因为其实大多数玩家并不确定是什么内容给他们带来有趣的体验。

理解：指用户对于产品或作品的理解效率与程度。如果一个产品功能非常强大，但是用户无法理解它以致无法操作使用，那么这个产品是一文不值的。对于游戏产品来说，理解成本是比较特殊的一项内容。因为通常来说，玩家在参与游戏前期待的只有快乐、挑战等内容，这就致使其用户群体对于产品的理解容错度非常低。相较于其他内容形式的设计，游戏设计师需要花更多时间在产品的可理解性上。关于产品可理解性的设计，读者可以重点参考前面第四章提到的"三个概念模型"理论（参见 4.4.2），结合游戏的迭代设计来优化产品。

使用：一个产品很好地履行了它的功能，也已经让用户快速地理解了，但是它使用起来就是很难，比如钢琴、小提琴就是典型的例子。人们需要反复去练习，才能很熟练地使用。不过，人们完全可以预期并接受这些乐器在使用过程中的困难，因为它们是乐器，使用不好对我们没有不可避免的困扰，而使用好了又会让人感觉非常值得。不过，在游戏产品的设计中情况就有些不一样了。情感设计中的使用性，在游戏中可以说至关重要，因为游戏媒介最主要的特征就是交互，就是要让用户亲身参与使用，或者叫作操作。诸如 ARPG 或 AVG 这类与动作强相关的游戏，其成功的关键往往就在于玩家操作游戏角色时的感受。有时候游戏设计师会发现，一些游戏如果其交互体验或操作手感非常优秀，那么即使它的内容不算丰富或者体验相对单调，也可以使玩家爱不释手。

反思维度

反思维度与大脑思考以及信息传递息息相关，是人类独有的，这种特质与第三章中提到的"表达"比较接近。反思维度是与人们的认知意识紧密相连的，相较之下，本能维度和行为维度更多是下意识的反馈。反思维度广泛体现在情感设计领域，也一直潜藏在我们身边的每个产品中。比如，人们都可能曾因为某种原因，担心向他人展示自己的形象或能力，或者在购物时，主动避免购买一些"看起来不对"或"不入流"的商品，又或者买一些根本就用不到的东西，来表示自己喜欢某种文化理念。这些都是反思维度的决定。正如诺曼所说，设计师一定要搞清楚"需要"（needs）和"想要"（wants）这两个词的差别。"需要"是功能性的，"想要"则受限于目标群体的文化、个人眼光、自我形象，甚至广告宣传带来的标签。比如一瓶茅台酒的价格至少是其同等水平酒类产品的 3—4 倍，但由于这样的定位已经标签化了，所以大部分用户在重大宴请的时候还是会想要茅台。

不过作为设计师，无论在任何领域，我们都必须要认清一点，即没有任何一种产品能够同时让全部用户群体满意。尽管诺曼提出了三个层次的情感设计理论，但回到实践中，任何一种体验往往都包含了所有的情感维度。现实中只有极少数的情况，会仅仅涉及单一层次的情感。而且，我们还要特别注意有的时候用户会花钱购买一些令他们"不悦"的体验。比如茶、酒、咖啡、辣椒、过山车、极限运动等，这里也包括了游戏。这些内容能够成立，往往是某一层次（比如对过山车的恐惧本能）与另一层次（完成后反思层次上的自豪感）相互抗衡的结果。一个层次与另一个层次的相互抗衡会令人感到"有趣"，至少存在两个原因。首先，一些表面看起来令人"不悦"的体验，会给人带来身体机能上的良性反馈，比如危机感刺激了肾上腺素快速分泌从而产生强烈刺激。第二个原因，就是人们克服"不悦"感带来的反思维度的良性情感体验，比如战胜困难后的自豪感，以及可以和朋友吹嘘的资本等等。在这样的情况下，本能维度与反思维度相互抗衡，产生了更为复杂的"有趣体验"。

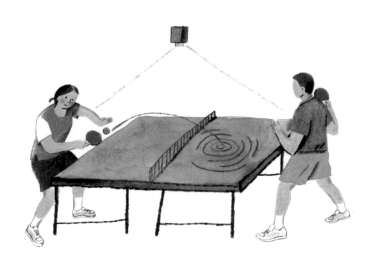

图 6-10 《乒乓球 +》示意图

比如日本计算机科学家石井裕教授（Hiroshi Ishii）的作品《乒乓球 +》（*PingPongPlus*），就很好地利用了情感维度的对抗。石井裕教授在一个乒乓桌案上投射了物理交互影像来对小球进行追踪，接下来教授设计了一个很有趣的体验，乒乓球一落在桌案上就会激起层层涟漪，同时伴随着悦耳的水波音效。这样的体验和正在打乒乓球的运动员形成了冲撞，这当然不会是很精彩的竞技，但试想一下却是非常有趣的体验。

应该说，诺曼教授的情感分层理论可以应用在很多领域，它同样也适用于游戏领域。而且行为维度的"功能、理解、使用"三个要素，非常精准地定位了游戏情感设计中的核心机制问题。我在这里把诺曼教授的分层理论稍作梳理，下面将三层理论与游戏中的各个要素对应起来，便于读者更好地理解分层理论应用在游戏中的方法。

表 6-1　游戏情感设计分层理论的应用

本能维度	形态、颜色、材质、光线
	音乐、音效
	符号、角色、场景、故事信息要素
行为维度	有趣的机制
	具备情感表达的机制
	清晰明确的表达
	操作手感、交互体验
反思维度	锁定目标玩家群体
	勾勒群体文化圈层的特征
	综合要素的体验设计

这里列出的还只是能够从分层理论中提炼出来的框架性的要素，还有很多要素是需要在具体设计过程中根据实际情况去分析的。所以在第二个阶段的创作练习中，学生们需要充分的创作时间，两周以上，四周最佳。这样的时间节奏对于游戏情感设计来说是最为基础的，设计者的情感创作过程通常是缓慢的，设计者需要考虑到分层理论中的各个要素，并反复试错。一款产品的情绪感染力就是在反复考究这些设计要素的过程中，逐渐打磨出来的。无论是商业游戏项目还

是游戏创作的项目，其设计过程一定都会蕴含着情感设计的内容，其中很多交互内容的情感设计的体量是隐形的（行为维度）。而在项目的实际运行中，负责人是否给予了这些细节的情感设计以足够的重视，是否给予了足够的创作时间，这些问题是值得我们去思考的。

第二阶段的课程包括游戏翻译与原型设计，在这个阶段，学生的作品就相对完整了，都是讨论书中情感并且能够让玩家完整体验的游戏作品。每一次的"书与游戏"课程，都会有不少精彩的学生作品产出，每次我都会让学生们把作品提交到网络上，感兴趣的读者可以去Hardfun 的网站慢慢浏览。这里介绍两个非常有特点的情感设计游戏供读者参考。

案例

游戏翻译作业《哈利路亚》[①]

创作素材

请以亨德尔《弥赛亚》中第二幕终曲《哈里路亚》作为背景乐创作一款游戏。

问：为什么选择这个素材？

答：选用这段素材的首要原因是它的文化背景。《亨德尔的复活》采用了大量的关于基督教及《圣经》的元素，同时包含大量音乐、诗词、文学描写，我们觉得展现出来会很有冲击力。同时，这章描写的

---

① 游戏体验网址：https://www.hardfun.cn/42811。

是亨德尔在困顿时创作《弥赛亚》的故事，同样在进行游戏创作的我们能感受到类似的情感，很有共鸣，所以最终决定使用这段素材。

问：创作灵感是什么？

答：由于《弥赛亚》作为歌剧的特性，我们初步决定先做一个类似"音游"的形式，也就是先确定了游戏机制。然后在这段素材的拓展阅读中，我们了解了亨德尔本人经历了中风的打击，后来又负债累累，受到世人非议，可以说是在极为痛苦的创作状态中忽然得到了灵感，从而有了"复活"的表达。那么，结合"中风、苦难、坚持、复活"等关键词，小组成员提出了"心跳"的概念，即让玩家扮演亨德尔，像音游中的节拍一样维持自己的心跳，从而不断走下去，完成整个《弥赛亚》的创作。我们对"心跳"与"节拍"这两个要素的相关性非常满意，这也就是我们的灵感来源。

图 6-11　音乐游戏《哈利路亚》（游戏画面一）

麦哲涛等同学设计。

问：希望给玩家传递的核心体验是什么？

答：希望传达的核心感受是"在苦难中坚持"。从机制上考虑则有借鉴戏剧中"三段式"的体验，即选用几段节奏不同的音乐，每次都让玩家坚持在音乐中按照节拍输入按键。为此，我们特意将节拍的变化减少，同时增加了关卡长度，以达到体验"创作的痛苦"的效果。与此同时为了保证游戏性和玩家黏性，我们也对重复的长度进行了控制，在游戏过程中加入了更多的随机元素和场景变化。我认为这类似一种"可以交互的音乐剧"，将玩家的所有体验和我们的表达都集中在第一次游玩之中。在讨论确定的过程中，我们经常提出许多有创意的新颖想法，但是由于每人的认知不同，脑海中浮现的场景也不尽相同。为了保证大家能达成共识，我们会一起观看许多现成的影片或游戏以辅助表达观点。我们会将背景音乐放在群里一起听，一起观看《弥赛亚》音乐剧，谈论机制时一起看《节奏医生》《节奏天国》《DJ MAX》等游戏实况，以保证讨论不出偏差。

图 6-12 音乐游戏《哈利路亚》（游戏画面二）

问：对"书与游戏"课程有什么想法？

卢烨：我感觉把书本翻译成游戏最大的困难不是要思考有什么厉害的机制，而是思考的机制和书本本身的内核是否相契合。戏说不是胡说，改编不是乱编，游戏翻译除了要融入自己的思考，也要避免单纯地用类型游戏的"皮"去生硬地套内容。

梅漫：在此次课程中，收获颇丰。一方面拓宽了自己的历史知识，对于书本解读方面有了更深刻的了解，另外一方面对于自己不太熟悉的领域，例如编程和音乐，又增添了新的认知。感谢这次课程提供的机会，让我对于游戏制作的流程有了更明晰的了解，同时也感谢小组成员的努力合作，我们一起制作了这个游戏。

马博轩：在"书与游戏"课中，我意识到了文学作品对于游戏世界观和剧情的影响力，"游戏翻译"也是文案策划所必备的能力之一。因此，我们在日常生活中需要多读经典文学作品来增长我们的见识，为今后的游戏设计做准备。

麦哲滔："游戏翻译"真的是一个非常美的概念，创作这些游戏的过程是一种非常棒的纯粹创作的体验！

游戏翻译作业《悲歌》[①]

图 6-13　写诗游戏《悲歌》(游戏画面一)

黄展仪等同学设计。

创作素材

请根据《马丽恩巴德悲歌》的诗词内容，制作一款交互诗歌游戏；可以还原歌德的情感，也可以表达创作者的读后感。

问：为什么选择悲歌这段故事？

答：在本次课程当中，《玛丽恩巴德悲歌》算是比较热门的改编

---

① 游戏体验网址：https://www.hardfun.cn/43822。

选择。在课后的讨论当中，"恋童""变态""无法理解"等类似的语言是我听见得最多的评价。而在我看来，跨越年龄的单恋也可能是纯洁美好的情感。可在我翻阅历史资料后，发现歌德爱上的这位女子，在知道歌德想与她成婚之后，是用愤怒与离开对待他的。所以，如果将这样的情感故事传为佳话，也是对于歌德的一种误解。对于歌德，这算是一次考验，一次教训。所吸收的经验反哺了他后来的创作。我们最初选择这个创作素材，是希望通过一款游戏让玩家体验《玛丽恩巴德悲歌》这首诗真正想表达的东西，解除偏见与误解。

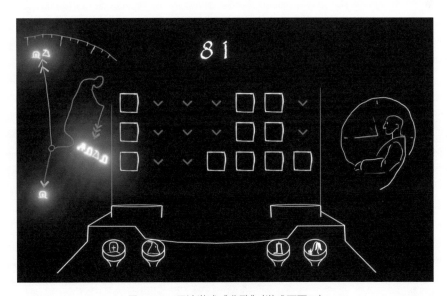

图 6-14　写诗游戏《悲歌》(游戏画面二)

问：创作灵感是什么?

答：一开始灵感来源于对"歌德创作"的想象。原作的诗句中有一些关于景色和意象的描述，歌德在旅途中创作了这首诗，我们猜想或许"不同的时空环境，能够影响创作"。或许雨天的河流让歌德回忆起悲伤，狂风吹过草地让歌德涌起激情……

问：希望给玩家传递的核心情感体验是什么？

答：最早的设想是希望让玩家以歌德的身份，去创作这首诗，从而理解诗句的情感。将音乐中"读谱演奏"的行为方式，和打字中的"自由写作"进行结合。通过既定的可书写空格，来给予玩家"自己创作"的假象。利用"谱面得分规则"和"空格的排布"来设计关卡。最后利用游戏机制（类似猜谜的方式）去诠释诗句中的情感传递。游戏会根据玩家的得分，进入三种不同的游戏结局；三种结局中共同的暗示信息是，玩家扮演给予歌德灵感的上帝，让玩家以合理的方式在游戏的世界中产生代入感。在创作过程中，围绕这个体验设计，小组成员的讨论主要集中在"音乐重要还是谱子的视觉更重要"。小组组长偏向于谱子排列的视觉美感，小组成员偏向于音乐韵律的节奏感。最终大家在不断讨论中找到了平衡，确定了要呈现给玩家的核心体验。

问：有没有遇到什么难题，怎么解决的？

答：遇到了很多困难，比较有代表性的一个难点是团队成员音乐知识匮乏。一般学生作业是用网上找的音乐，但这一次的游戏，我们必须原创音乐，否则无法传递正确的情感。而且还不是单纯放背景音乐，而是一个字符代表一个音符，所以需要相当的乐理知识和创作知识。最终策划的解决方案是参考巴赫的十二平均律和德彪西的部分作品，从中抽取关键乐句来设计。虽然有些勉强，但也算是起到了作用。其次，因为技术问题导致游戏内谱面设计失衡，以至于游戏太简单，有些枯燥。这迫使我们最终放弃了以旋律为主的谱面设计方式，改为以按键为主的设计方式。主要按照音游的谱子以及游戏内旋律来设定排列组合，然后按照情感基调设定每一行的空格分布。基本节奏是按照由简到难，再由难到简来进行的，与原诗作同理。有两关刻意放了一些零碎的空格，让玩家无法得分，以契合歌德当时纷扰的情绪。由于游戏谱面的设计是每个关卡的核心，因此策划可能会需要频繁地改动谱面来测试当前关卡，组内的策划同学们对游戏引擎以及编程方面的了解还不充分，所以程序同学特地写了一个类似于编辑器的脚本，便于策划实时修改谱面。

问：对"书与游戏"课程有什么想反馈的吗？

答：整个课程的实践环节数量充足，节奏也合适，有紧有松。对于"书与游戏"的选题理解，我们觉得有多个方向。设计者可以"还原茨威格（作者）的想法"，也可以"自行解读历史"，或者"借题发挥"。这些方向，我们认为在最初应该被多多指引，否则会有些迷茫。整个设计过程中，同学们对于"书"的理解非常重要，应该对于书中涉及的历史知识进行补充研究，同时要加强对作者茨威格的表达的理解。也许统一母题，就像 Game Jam* 一样，才能更好地看出不同小组对于课题的理解程度和设计水平。另外，通过课程的学习，我们理解了游戏交互设计的重要性，希望这门课程将来能够更多地强调游戏交互设计，弱化软件技术或美术制作的表现，这样可以激发同学们把精力更多地放在对游戏机制的"核心体验"的设计上。精美的画面，复杂的功能，并不能证明游戏设计的优秀。而在学生整体技术力还处于较低水平的情况下，技术"婆罗门"总能夺走更多人的眼球与赞美。正确的引导，可以规避这种非良性循环，并且促使学生把更多

---

* 编者注：根据给定的主题，在短时间内开发一款小游戏。

注意力放在核心的设计上。

6.5　游戏情感设计的感悟——游戏内外

完成了第一、二阶段的练习后，进入正式的选题创作环节。课程的第三个阶段是导师针对性地给学生作品进行辅导，创作小组需要挑选一篇最打动自己、最有感触的文章，对自己体会到的情感进行解构、思考、分析。作为导师我每次都是非常愉快的，因为看着学生不断地思考、不断地创新是一个很享受的过程。尤其是和学生探讨某些情感设计细节，也会激发我的很多灵感。在这个过程中，无论产生怎样的讨论，创作小组始终需要牢牢记住，要坚定地回答自己两个问题：

（1）你的游戏目标是带给玩家怎样的核心体验？
（2）你的游戏将通过怎样的核心机制来带给玩家这样的感受？

能否有效地运用前面练习中学到的知识，对于把控游戏体验是非常关键的。情感设计是一个在很多领域都适用的课题，在工业产品设计、建筑设计、交互设计中都有情感设计的应用。所以，与情感设计有关联的要素非常多，如果把情感设计作为母课题，我们可以将它拆分成很多子课题，例如：

语言的情感要素
动作与表情的情感要素
视觉传达的情感要素

听觉传达的情感要素

空间的情感要素

交互的情感要素

中央美术学院的王中教授在讲空间的情感要素时，曾举了一个十三陵的例子，非常生动。明十三陵坐落于北京市昌平区天寿山麓，自永乐七年（1409）五月始作长陵，到明朝最后一帝崇祯葬入思陵止，其间230多年，先后修建了十三座皇帝陵墓。其中这个十三陵神道，又称长陵神道，是长陵陵寝建筑的前导部分，总长约7.3公里，是进入十三陵墓葬区的必经之路。神道由南而北，依次建有石牌坊、三孔桥、大宫门、神功圣德碑亭、石像生、龙凤门、南五孔桥、七孔桥、北五孔桥等，放在过去，这些神道墓仪设施是非常肃穆的。

图 6-15　整修前的十三陵神道石像生空间结构

后来作为风景名胜区，也为了方便民众参观游览，国家对十三陵前前后后进行了多次整修。虽然整修是在古代墓仪设施上进行修缮，完全没有破坏原来的建筑体，但整修后的石像生部分还是发生了很大的变化，给观众带来的"情感体验"与之前迥异，原本的庄严肃穆少了很多，倒是像非常亲切的公园了。

图 6-16　整修后的十三陵神道石像生空间结构

会产生这样的情感氛围和气场的变化，主要是因为空间的结构发生了变化。可以看到，在后来的十三陵空间中增加了大量的柳树。这些柳树挡住了地平线，也挡住了远山，同时也使得石像生道路的能见长度变短了。就这几个要素，使得石像生前后带给人的情感体验发生了天翻地覆的变化。

从这个有趣的案例中，我们可以发现情感设计是无处不在的。它既是一个非常宽泛的设计概念，同时也是一种非常"细腻"的设计呈现，不同的行业都或多或少会有一些关于情感设计的经验总结。而游戏是非常特别的，因为电子游戏是一个抽象的集合体，这种媒介可能包含了所有其他行业的情感要素，我们提到的空间情感、语言情感、视听的情感，包括机制的情感都是它的一部分。所以回到这一节最初的问题，当创作者确定了自己想要传达给玩家的核心体验后，随之而来的情感设计工作是非常繁杂的。能够传达强烈情感的游戏作品，其创作者的视野往往都是开拓的，是融合交错的。创作者不能仅仅将自己放置于所谓的专业领域中，也不能沉浸于"玩过很多款游戏"这样的自我认知中。好的游戏设计师一定要走出游戏的圈层，去了解各行各业的知识，去感受人与人之间的互动，感受人与世界的互动，因为最精彩的情感要素都在真实世界中。

第七章　游戏行业未来六问

7.1　什么是游戏素养

一个非常有趣的问题："不玩游戏的人到底能不能制作游戏？"就这个问题，我们换个语境来理解。如果一个文学专业的学者，没读过诗，行不行？一个导演系的学生不看电影，行不行？"阅片量"是成为导演，甚至是进入所有与电影相关的岗位的一个必要的知识储备。"体验游戏"的道理与读诗、阅片都是一样的，是进入这个行业的基础知识储备，也是游戏素养的重要组成部分。

在实际情况中，相较于其他专业，"体验游戏"带来的问题要更复杂一点。首先，由于玩家行为的参与，游戏的内容体验周期跨度非常大，面对不同的玩家也存在很大的波动范围，相较于电影、动画这些内容，总体上玩家需要投入更多的时间去参与游戏。比如单机游戏，几十个小时通关算很理想化的结果，玩家投入几个月的时间来体验和通关也不足为奇。网游就更是一个时间杀手，有很多经典网游，玩家一玩就是十年。很多玩家的游戏生涯也只能够深入体验两三款网游的产品。所以，即使有人整理出来所谓的游戏行业的"阅读清单"，想把所有的经典游戏都体验一遍也是不可能的。

其次，游戏这个内容格外耗神费力，尤其是具有即时竞技性的游戏产品。通常来说，人超过一定年龄，玩游戏时就开始变得迟钝了。

这一点不是绝对的，但是具有普遍性，职业电子竞技选手的最佳年龄是 18—24 岁，这是个很好的佐证。而成熟的游戏制作人，或者高校里的游戏与数字媒体相关领域的教师，他们的年龄一般都是远超这个游戏最佳年龄的。所以让这些本身就已经忙于业务管理的制作人或者忙于教学的教师去持续地亲身体验游戏是不现实的。游戏主播一定程度上可以补齐这个需求，对于一些过于耗时或者竞技性比较强的游戏，游戏从业者可以通过"体验加云体验"的组合方式来进行学习。

那么，什么样的游戏素养才算合格呢？我想游戏从业者不玩游戏肯定是不合格的，不能做游戏，更不能教游戏。但从上面两个角度考虑，玩得太多也不见得是必要的。可以根据游戏人所从事的岗位，具体问题具体分析。比如对于很多游戏媒体的朋友们，游戏"阅读量"的要求就得高一些，只有海量的游戏阅读，才能有助于他们对游戏的判断与权威点评。但对于游戏设计师或游戏教育者，"游戏阅读"的多样性与深度反而是比较重要的。游戏的设计师可以优先体验比较经典的游戏类型，而且对于这其中的一些代表作品，应该进一步去做纵向的深度体验，比如在一款游戏中体验超过 300 个小时，或者针对某款游戏撰写鉴赏分析等等。

在增强自身游戏素养的过程中，还有很多问题是亟待讨论的。比如，参与者要如何自我调整，才能在体验时迅速地从一个玩家的角色转变成游戏从业者；在设计游戏的过程中，如何做好时间管理，积累良好的游戏"阅读量"；什么样的游戏值得花时间体验，什么样的游戏可以归类进行体验；如何为自己的游戏体验过程做好笔记；等等。可以说，"游戏素养"是设计游戏以及游戏教育活动的前提条件，也是值得由教育机构与行业协会共同研讨的话题。

7.2 是产品还是作品

在近几十年的发展过程中，中国游戏行业可以说一直是用户需求领跑的模式，市场上什么产品受欢迎大家就一股脑地都去研发这个类型的产品。在这样的发展下，行业的收益表现得非常迅猛。2014 年，中国游戏行业的产值就突破了 1000 亿大关，在文化领域中非常惹眼。全世界游戏公司的收入排行榜上也江山易主，最赚钱的

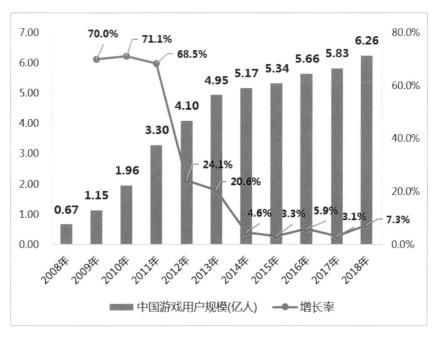

图 7-1 中国游戏用户规模 [1]

① 数据来源：中国音数协游戏工委、中新游戏研究（伽马数据）。

游戏公司不再是微软、暴雪、任天堂，而是腾讯游戏。根据中国音数协游戏工委（GPC）发布的行业报告，2020 年中国游戏市场实际销售收入是 2786.87 亿元，同比增长 20.71%。这个市场规模在文化产业里是一枝独秀，比动画和电影的总和还要多一倍以上，在全球游戏行业市场占比约四分之一。巨大的市场规模仰仗于中国的玩家数量，我们可以看一下，从 2008 年到 2018 年中国游戏用户数量的一个变化。

经过了几年的飞速增长，2012—2014 年中国的游戏用户红利迎来了边际效应，市场规模与用户数量开始双双进入相对平稳的区间。用户数量的稳定，标志着游戏研发商针对存量用户的竞争开始了，游戏行业开始转向对品质的追求，进入到针对品牌及文化影响力的竞争时期。增量需求相对来说门槛低，但对于品质的追求就需要方法了，需要实践经验与设计理论相结合，游戏的人才需求、理论研究需求以及游戏教育此时也就自然浮出了水面。

"书与游戏"那一章曾提到，中国游戏行业进入存量市场的时代后，无论在国内市场还是出海市场，一个问题就凸显了出来：中国游戏企业虽然赚到了钱，但相比美国、日本的游戏企业，品牌与文化影响力却非常有限。比如美国的暴雪游戏拥有《魔兽世界》《炉石传说》《守望先锋》等，日本的 SNK 拥有《拳皇》《侍魂》《合金弹头》等，这两家企业不仅游戏赚钱，而且在游戏产品发行多年后，其产品仍然保持着巨大的 IP 影响力，公司仅靠版权部门签授权协议仍然可以带来可观的持续营收。而相比之下，中国的游戏公司在文化影响力这方面则无法与其自身庞大的市场形成产业链闭环。

比如在游戏开发者大会举办的两大奖项"游戏开发者优选奖"

（GDCA）[①]与"独立游戏大奖"（IGF）[②]中，除了大家熟知的陈星汉先生的《风之旅人》，鲜有中国的制作人或者游戏产品摘取殊荣。为什么中国能够产出很多享誉世界的电影导演，但至今产出的享誉世界的游戏制作人却不多？除了行业发展时间这个客观原因，我想其中最重要的原因是，在中国游戏产业发展的上半场，大家关注得更多的是游戏的互联网产品属性，而不是它的作品属性。

那么什么是产品属性和作品属性？这两种属性之间的关系简单来说就像电影行业中的制片人与导演的关系。制片人是一部电影投资方侧的代理人，除了电影怎么拍他不管，其他所有内容都是制片人负责，是摄制组的最高权力者。而导演则是制作影视作品的创作者和领导者，导演对片子的品质负责，是把影视文学剧本搬上荧屏从而表达自己的思想的人。

表 7-1　产品属性与作品属性

产品属性	作品属性
以用户需求为导向	以作者（或作者团体）为导向
市场的趋势	作者的爱好
成熟可验证的核心体验	作者选择的核心体验
吸引眼球的微创新 / 再创新	作者的创造性
IP 或迎合市场的题材	作者的反思
更像是制片人思维	更像是导演思维
……	……

---

① 2001 年开始，游戏开发者大会每年举办一次游戏开发者优选奖，面向游戏行业成熟的商业游戏作品。

② 2013 年开始，游戏开发者大会每年举办一次的独立游戏奖项，面向独立游戏制作者以及学生群体。

请注意，这里说的作品属性并不是指非商业化的游戏或独立游戏，这些概念不要混淆。作者游戏不一定就不卖座，比如小岛秀夫的游戏作品，其商业化运作也比较成功。游戏制作人张哲川[①]认为，"产品性"其实更多来自互联网思维。在互联网思维中，有对产品的各种定义，但其中始终有个共性存在，那就是产品的出发点往往是用户的心理需求。而"作品性"，或者说"作者游戏"，其实起源于"作者电影"的概念。新浪潮时期，电影界迎来了一波对制片人中心制的挑战，大家觉得电影应该是以导演为中心。导演不应该只是执行者，更应该是创作者。

当年电影行业的处境与中国游戏行业现在的处境非常类似。游戏在过往的语境中很少被当作可以用来创作的媒介，更多的是被当作互联网产品。这样的发展是必然的趋势，无可厚非。然而，这样的业态也自然会造成作品性的缺失，难以出现打动玩家的游戏作品。对于研发一款游戏产品，中国游戏行业已经驾轻就熟，站在了世界一流水平，但对于如何产出带有作品性的游戏，大家都还在摸索。

对于孵化具备作品性的游戏，除了游戏行业要做出努力，"教育"是其中的一个非常关键的因素。回看那些拿下了全世界各大奖项的中国电影导演，他们大多数都有较为完善的导演培养经历，或者是在这个学术群体里进行了足够的熏陶。欧美市场、日韩市场都先于我们进入了游戏作品化的时代，这一方面要归结于行业起步早，另一方面我们也要看到这些国家在游戏教育方面的领先。在欧洲、美国，我们可以轻松找出100所以上设置有游戏相关专业的高校，有的专注于产业化的3A大作，有的则偏向于实验创作，有的偏向研发技术。而国内

---

① 张哲川，腾讯 NExT Studios 工作室游戏制作人，其代表作有《双子》《疑案追声》等。

的游戏教育起步较晚，是从近十年（2010 年左右）开始，逐步出现了一些游戏相关的本科专业。站在中国游戏教育背后的是一个强大的中国游戏产业——从 90 年代发展至今，中国游戏行业已经在三十几年的发展中站在了世界之巅。这样一个硕大无朋的市场，其三十年间的从业者，是由来自于计算机、运营管理、艺术设计等领域的人才共同组成的。这些人大多是受到市场和用户的吸引而来的。而接下来的游戏作品化时代，我们需要一群真正热爱游戏、热爱利用游戏媒介进行创作的年轻人。靠市场、靠用户、靠爱玩游戏的冲动去推动发展的时代已经过去了。中国游戏行业高品质的内容，以及产品内容的文化影响力，既不会是买下来的，也不可能是算出来的。未来的游戏行业需要热爱游戏设计、热爱文艺创作的从业者去打拼出来。从 2018 年开始，中国的游戏行业已经直观地感受到了来自政府侧以及市场侧的共同推手，作品化的发展已经拉开了序幕。

7.3　什么是功能游戏

"功能游戏"这个说法比较新，是随着 2018 年首届功能与艺术游戏展览才开始大量提出的，之前一直都是按照国外的"serious game"直译过来——严肃游戏。功能游戏（严肃游戏）是指为非娱乐目标而专门设计的游戏。"功能游戏"虽然说法新，但其内容本质上不算是创新，甚至可以说功能游戏是伴随着游戏发展自然而然地产生的。比如古老的印度版本的蛇梯棋游戏①，小孩子们在玩耍时就能够阅读学习

---

① 蛇梯棋，供两个或更多玩家参与。它是在带有编号的网格方块游戏板上（转下页）

印度的道德教义。被蛇吞掉的格子里一定是"嫉妒"或"贪婪"这样的词汇，而在爬梯子上升的格子里一定是积极的词汇信息。一盘蛇梯棋游戏下来，小孩子们就潜移默化地懂得了什么是积极的事物，什么是消极的事物。

图 7-2　印度蛇梯棋的还原版本

（接上页）进行的，棋盘上有许多"梯子"和"蛇"，每个都连接两个特定的棋盘格。玩家在游戏中的目标是，根据掷骰子所决定的步数从底部方块成功走到顶部方块，而这个过程中玩家会遇到爬梯子的帮助或者被蛇"吃"而受阻碍。该游戏最初的历史版本是一项很受幼儿欢迎的竞赛，起源于道德课程。在游戏中，玩家在棋盘上的前进代表了美德（梯子），退步代表了恶习（蛇），蛇和梯子构成了复杂的人生旅程。

那么在电子游戏时代，计算机图形的表现力突飞猛进，功能游戏产品的应用就更为广泛了，可用于国防、教育、科学探索、医疗保健、应急管理、城市规划、政治新闻传播等各个领域。比如：

《折叠》（*Fold It*）是一款集合玩家智慧帮助科研人员加强数据研究，为之提供解决思路的医疗游戏。

《人力资源机器》是一款提升编程思维的入门与强化游戏（而且非常好玩）。

《模拟飞行》是微软研发的一款超拟真的飞行模拟游戏，甚至可以在游戏中直接考核飞行员。

《永不孤单》是一款阿拉斯加原住民团队设计的游戏，其中蕴含了即将消亡的文化信息。

《深圳 I/O》是一款由美国游戏公司[①]研发的关于强大的深圳软硬件制造商的模拟经营游戏。

BBC 新闻频道有一则用游戏体验叙利亚难民流亡经历的交互新闻。[②]

不过，功能游戏也好，严肃游戏也好，为什么会有这样的一类游戏产生？其实本书多次提到了关于游戏本体研究的内容，包括玩家自愿参与的动机、游戏机制的流向、反馈体验、数值平衡，这些内容可以触达心理学、社会学、经济学等各个学科领域，我们很难界定游戏到底是一门什么学科，目前看起来更像是各种学科的一个组合体。我

---

① Zachtronics LLC 是一家美国独立游戏开发工作室，以其工程益智游戏和编程游戏而闻名。该工作室由扎克·巴思（Zach Barth）创立，他是其首席设计师。

② 新闻游戏体验网址 https://www.bbc.com/news/world-middle-east-32057601。

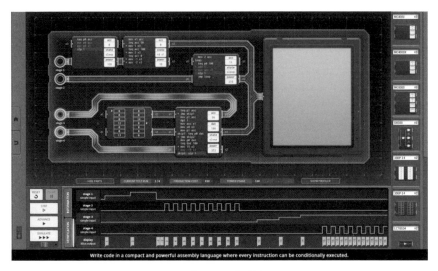

图 7-3 《深圳 I/O》游戏画面

也是这一观点的支持者，比如前文提到，游戏机制来自于对人们的生活的抽象提炼，既然是来自于生活，那么游戏自然可能涉及生活的方方面面。所以，功能游戏的覆盖范围非常广，而且不同的游戏人或学者所接触的学科不同，他们会专注在自己所擅长的领域。但是，功能游戏的设计与制作，最终都会归结于对玩家的交互体验以及对人性机制的研究。正是由于游戏在人性机制方面的特殊的作用——可以影响玩家情绪状态的变化，让玩家产生兴奋、悲伤、自豪、懊悔以及团队的荣耀感等复杂的情绪，致使游戏除了娱乐，还拥有其不可忽视的功效与应用。

另外，在提到功能游戏时，一定会关联到两个孪生概念："游戏化"与"基于游戏的学习"。在"游戏与学习工作坊"这部分内容中，我们详细介绍过两者的定义与应用，那么加上"严肃游戏"，应该说，这三个概念互有交叉重合的地方，容易混淆，但同时三个概念也有明确的界限。

从游戏化的概念说起，游戏化的内容其本质上并不是具体的游戏，而是用游戏的要素来服务非游戏的内容，比如游戏化学习、游戏化训练等。而基于游戏的学习，是围绕着一款或多款游戏产品展开的学习计划。其赖以运作的内容一定是游戏产品，这个产品有可能是个严肃游戏，也有可能是一个纯粹的娱乐化游戏。相比前两个概念，功能游戏所指涉的范围更广，游戏与学习只是它所覆盖的其中一个领域，只要是不以娱乐为目的的游戏产品，都可以称之为严肃游戏，比如上文罗列的案例就都是功能游戏。从性质上来说，前两个概念是指策略方法，而功能游戏则是指特定类型的游戏产品。所以在游戏化或基于游戏的学习的过程中，经常产出或运用严肃游戏。这三种方式都是游戏交叉融合的重要形式，也是游戏研究领域经常涉及的内容。

7.4　学习游戏只能去制作游戏吗

谈完了前几个问题，接下来谈谈学生们比较关心的游戏专业的问题，或者说谈谈游戏专业的前景。目前国内真正开设游戏专业的高校不是很多，有中国传媒大学、北京师范大学、中国美术学院、上海交通大学等。这些专业都比较新，一般是刚设立了六七年，学生规模大概是每届 30—40 人，所以截至目前真正从游戏专业走出来的毕业生的数量是很有限的。其中，中国传媒大学的游戏设计系是国内成立最早（2010 年成立）的游戏专业，目前也是规模最大的。我们每年招生 100—110 位学生，其中既包括游戏艺术方向，同时也包括游戏研发的工科方向，以及数字娱乐的文科方向。由于游戏行业需求量大，学生少，所以目前游戏设计系的毕业生应该说是供不应求的，在校表现优异的学生进入国内一线的游戏研发厂商应该说是一个基础目标。

但另一方面，不能忽略一个问题，游戏本身是个学科交叉的产物，所以游戏行业会从各行各业招聘人才，比如游戏艺术方向，可以从传统绘画高校招聘人才，进了公司之后再深化培养游戏相关的专业知识；或者从语言类专业招聘人才，进了公司后再深化培养成游戏剧情或文案策划等岗位的人才。从这个角度来说，游戏学科是面临挑战的，因为除了针对游戏本体的学习和研究，老师和学生都必须找到一个侧重点，这个侧重点就是，要能够比较好地运用自身院校的"基因"并与游戏学科融合发展。比如南加州大学，毗邻好莱坞，它的电影专业一直非常强大，南加州大学游戏专业的设置一定程度上沿袭了这个"基因"，前面提到的《风之旅人》的制作人陈星汉，就是毕业于这所院校。学生本身也要找到自身的着力点，找到自己在游戏领域里感兴趣的细分方向，或者与其他学科的结合点。所以，寻找着力点，我认为是游戏专业的学生的一个常态。他们可以选择数值策划，可以选择技术美术，也可以选择自主研发严肃游戏等。

那么，问题来了，有哪些方向是游戏设计专业的学生未来可以去选择的呢？除了游戏研发管线里的各个岗位，还能选择什么？假如有一天，游戏行业的人才需求没有那么大了，学生们选择了毕业后进入其他行业，好不好？有一个游戏设计系的毕业生，毕业后没有进入游戏行业，却转而进入了多媒体康复领域。他的用户群体不是玩家，而是那些有成长障碍的特殊儿童，比如有交流障碍、认知障碍等的儿童。刚开始的发展也很困难，但是在经过了多年的努力尝试后，他现在设计的互动游戏设备，不仅可以帮助到儿童，而且也给他自己带来了巨大的商业回报。还有一位传媒大学的毕业生，在校时游戏做得不错，但毕业之后选择去为企业做咨询服务，把商科的管理方法和游戏结合起来，设计了多款大大小小的商业模式的管理应用。游戏设计理论的学习，很大程度上帮助了他，使他的产品不仅有效，而且非常有趣。

所以，如果能够打开思路，那么游戏专业的发展方向是非常广泛的。既可以面向游戏行业深化研究，也可以面向非游戏行业进行跨学科拓展。首先，面对游戏行业内的方向，游戏专业可以为游戏产业链条上中下游提供人才。这里包括游戏的生产研发管线，也包括游戏发行运营、游戏衍生及圈层文化的领域。第二是面对非游戏行业的方向，如果把学习游戏看成是学习游戏化的思维，学习游戏化的技术手段，那么这些内容就可以很好地融入非游戏行业的各个领域，这也是由游戏自身的性质特征所决定的。这种融合包括功能游戏的研发、游戏化管理、沉浸式娱乐赋能文旅产业等等。游戏和其他学科交叉融合所带来的这些多样化发展，都应该是游戏设计专业所鼓励的发展方向。下面选几个详细说说。

游戏与医疗：这是一个未来的发展方向。玩游戏首先不是别人派给你的任务，而是玩家自发的需求，这种可以使玩家投入的本能，在玩家大脑或身体的变化中会有所体现，这是可以被研究者们利用起来的。目前已经有很多关于将电子游戏设备应用在医疗康复领域的案例，而且南加州大学已经开设了游戏与医疗结合的研究生方向。

游戏与教育：一提到游戏，人们就会觉得似乎和教育没什么关联，但本书第四章也详尽地介绍过，其实这两个内容关联得非常紧密，最好的教育方式就是在游戏中学习，寓教于乐。在富媒体的时代，这个方向也有广泛的应用可能性，其研究结果可以应用在各个年龄段的教育学习或特殊培训当中。

游戏媒体赋能特色文旅：游戏在研发的过程中本来就运用了很多互联网科技的手段，游戏公司都有自主研发的引擎，同时在图形表现力不断发展的趋势下，游戏与 VR、AR、XR 等技术手段的结合也蕴藏着巨大潜力。利用沉浸式娱乐的技术手段赋能文旅行业是未来的发展方向，实景游戏领域已经在近些年飞速发展，[①]而数字文博等相关内容也是国家"十四五"规划中的重点发展方向。游戏和实体空间的结合也有很多国际化的指导案例，比如荷兰的一座废弃的二战时期的监狱，被改造成了大型的线下解谜空间。[②]玩家通过在空间内游玩，了解二战时期这座监狱的历史。

游戏衍生与文化圈层的研究：围绕游戏行业所产生的衍生内容，比如文创周边，游戏的影视化运营，游戏品牌的营销与运维，玩家群体的分析与维护。目前，中国拥有 6 亿的游戏玩家并且还在持续增长，未来全民游戏的时代，衍生与文化圈层的研究大有用武之地。

7.5 科技对未来游戏的影响

这个问题在课堂上的触及率很高，是比较受欢迎的话题，所以我从游戏教育的角度，稍作阐释。在中国的一线城市，被 5G 技术覆盖的日子已经到来了，而它的普及可以触发一系列技术领域的多

---

① 2019—2021 年间中国实景游戏行业迎来了很好的发展，从原来的剧本杀到密室逃脱，再到实景游戏，即使在疫情的笼罩下，市场规模也超过了 100 亿。

② 指博斯普特监狱（Boschpoort Prison），位于荷兰的布雷达（Breda），始建于 1886 年，后于 2016 年改造为一款包含游戏元素的互动剧场作品，游客可扮演一名试图逃离监狱的囚犯，游戏时长约 3 个小时。

米诺效应，云计算、物联网、大数据、人工智能这些变革接踵而至，进入人们现在的生活。这样的趋势必然给传统模式带来冲击，游戏产业当然也不例外，比如如火如荼的云游戏概念、数字人概念、元宇宙等。随着网络技术的更新迭代，可预期的未来，大家玩的产品估计都要算是云游戏；还有物联网的时代背景下，电子游戏面对的这些物理化可链接内容，何去何从？回想很多年前的电子宠物，每个学生腰间都挂着一个自己的"电子宠物"——类似寻呼机一样的设备，定期地打开投喂一下食物，聊聊天什么的，那个时候感觉其乐无穷。而当物联网大潮袭来时，拿起你的手机，或者是可穿戴设备，你可以和身边所有的联网物理设备互动，游戏又该如何设计？在这个一环环推动前进的技术趋势中，大数据和人工智能被讨论得最为炙热，主要原因也是这两项技术在短期内的发展着实将给人们的生活带来翻天覆地的变化，那么现在的游戏又会如何随之适应呢？

我想，这些问题一时是没有准确答案的，而且还会持续不断地产出大量新的可能性，因为没有任何人能够预测未来。关于技术对游戏未来的影响，所有人都必须要拥抱它、探索它。那么从教育者的角度，面对这些社会跨越式的发展，我倡导学生们要保有"嗅觉和钝感力"。简单来说就是"既敏锐又迟钝"，不要畏惧发展，也别被这些技术的冲击力击溃。

"嗅觉"这个词用在这里比较恰当，有主动去搜寻的意思，意味着对技术的敏感，这份敏感是师生都要有的。游戏制作者是内容产出者，游戏内容和新兴技术的结合可以迸发出巨大的变革能量。我们已经体验过的巨大变革，就来自计算机的诞生和普及，还有互联网的诞生与普及。所以要知道当下发生的或即将发生的技术变革，要去关注它，这个关注还要求我们有"细嗅蔷薇"的能力，不是听个皮毛或浅尝辄止。虽然不是所有同学都需要把每个技术的核心原理吃透，但是搞懂新兴技术的协作原理是必要的。简单说，就是能够理解新兴技术在自己所从事的学科领域有怎样的运用。其实"嗅觉"这一点对于很多年轻有好奇心的学生来说，是非常轻松且自己乐于去做的事情，很多同学也会对新技术非常热情，自发去钻研学习。但另一方面，很多学生会忽略"钝感力"。因为面向未来的大胆猜想总是让人过于兴奋，但这个兴奋多少有一些是来自于信息的错位，比如媒体不负责任的评价，有时候还会来自于生怕掉队、错过了时代列车的恐惧感。例如，计算机显示技术的变革，就给游戏制作者提出了巨大的挑战，铺天盖地的 VR、AR、XR 头显品牌，瞄准了各个细分领域，都号称是填补市场需求的第一选择。面对这样的挑战时，学生群体在"嗅"到了充足的信息之后，更应该具有一定的钝感力。这些日新月异的技术发展，其动态性很强，很多技术你还没有完全了解它，它可能就已经被淘汰了。记得 2004 年开始，Flash 席卷动画行业，似乎昭示着这就是未来的动画制作管线。很多媒体的文章来分析 Flash 将给行业带来的巨变，针对 Flash 的课程也在各大学校开设。十几年过去了，国人对计算机的陌生感早就消失了，而 Flash 也渐渐消失在动画人的主流讨论中。那么站在现在这个时间点，回看 Flash 的发展历程，我们会发现它在整个行业的发展历史是非常短暂的，对于个体的影响可能就更是微乎其微。所以面对当下社会飞速的技术变革，什么样的游戏设计人才在社会中更有价值，这个问题值得我们认真思考。

7.6　哪来的创作灵感

写到这里，本书想表达的内容差不多了，最后这个问题其实并不算是一个特定的问题，但却涉及我非常笃定的一个理念，也是我最想给大家分享的。在本书中，读者们不难发现我很推崇"游戏创作"这个概念，第二章讲过创作者的灵感源点——感受世界，第三章也讲到了游戏结合艺术的创作方法——观察、技法、表达。既然是游戏创作，就会面对如何选择创作题材，这种思路似乎就和我们理解的研发一款商业游戏背道而驰了，正如我在本章所讨论的，是作品还是产品？这里我想请读者不要马上把"游戏创作"和商业游戏产品完全对立起来。虽然二者是不太一样的东西，但这个区别我认为主要还是集中在两个方向的首要目标不太一样。商业游戏这个方向，顾名思义，主要还是以利益为首要的考虑因素，游戏创作这个方向则自然是以表达为核心目的。但是很多时候一心想着创作表达的人也会有非常可观的收益，而很多商业游戏作品也震撼了玩家的心灵，比如《双子传说》《汪达与巨像》《这是我的战争》。其实，我们完全可以把游戏创作的过程看作商业游戏产品的初期阶段，类似于建筑师制作的模型、画家的速写草稿、演奏家的音乐小样，两个东西甚至存在着一定互补性。游戏创作这个阶段首先要弥补商业游戏产品开发过程中缺少的慢节奏，摒弃有计划性的游戏开发安排，要和效率脱钩，把效率留给密集型的游戏研发阶段，因为那个时候每天的经费都在燃烧。那么，有人可能会说，这不就是选对人，并且把这一小撮游戏创作团队，也可能是一两个人，聚集在一起，不设时限，每天研究创作不就大功告成了。我认为也不完全是这样，应该是连"创作"这个概念都不要想。因为当你想要成功地制作一款游戏的时候，你已经不是在创作了。真正的创作应该先去关注我们的生活。我接触到的优秀的创作者都有一个特征，就是有趣。我希望大家不要误解"有趣"这个概念，因为"有趣"在想法阶段也可能非常的"无趣"。执着于"有趣"的游戏创作者们，他们可能滔滔不绝且观点独到，可能少言寡语但逻辑缜密，当然，他们也可能是传统意义上的幽默有趣。总之，他们都会有自己极为感兴趣的东西，人们能看到他们对生活的热爱——不管是以什么样的方式。所以这里我们暂且把创作方法放一放，因为教育其实更多是对学生思想的启迪、人格的引导。作为一名教师，我看到过很多学生在自己的创作阶段很苦恼，迟迟找不到方向，其实并非创作能力不行，而是经历不够。很多时候，学生们都在抱怨自己没有创作灵感，觉得自己不够有创意，或者嫌弃自己画不出精彩的角色，写不出吸引读者的文字。但其实在学生时代，在当下这个飞速发展的时代，这些并不是最重要的。要反问自己，到底有没有去深入地感受生活，经历生活。很多人的创作难，其实不是创作本身难，而是因为困于自身的生活圈层，困于无法突破的信息茧房。

《佛罗伦萨》的制作人王友健在一次分享中讲到，"游戏人应该更多地寻找一些超越游戏的乐趣（find something beyond the game）"。生活中有太多有趣的信息！比如有的同学喜欢吃，那么要不要研究一下各个地域的美食？它们是怎么做的？历史成因如何？针对个别菜肴有什么有趣典故，比如"宫保鸡丁""鱼香肉丝"这样的菜名怎么来的？恋爱题材是学生创作的高频主题，我看过很多学生参与创作的关于青春爱情题材的作品，但为什么王友健创作的恋爱题材的交互游戏《佛罗伦萨》让人如此感动？我想作者一定是有深刻的情感体验，以及极其出色的交互表现力。所以，对于创作来说，灵感不是来源于技术手段，也不来自于方法论，灵感永远来自我们自己，来自我们对于世界的看法。对生活没有兴趣，对世界没有观点，缺乏情感经历，是创作者最大的天敌。在我读书时，恩师曾经告诉我，"永远记得，画什么比怎么画更加重要"，今天我想把这句话分享给读者，在决定怎么创作之前，更重要的是决定创作的内容。

参考文献

中文图书

[1] 程大锦（2005）.《建筑：形式、空间和秩序》（第二版）. 天津：天津大学出版社.

[2] 加利·兰德雷斯（2011）.《游戏治疗》. 雷秀雅，译. 重庆：重庆大学出版社.

[3] 拉夫·科斯特（2005）.《快乐之道——游戏设计的黄金法则》. 姜文斌等，译. 上海：百家出版社.

[4] 莱茵贝格（2012）.《动机心理学》. 王晚蕾，译. 上海：上海社会科学院出版社.

[5] 理查德·道金斯（2012）.《自私的基因》. 卢允中，译. 北京：中信出版社.

[6] R. M. 加涅（2018）.《教学设计原理》（第五版修订版）. 皮连生等，译. 上海：华东师范大学出版社.

[7] R. M. 加涅（1985）.《学习的条件和教学论》. 皮连生，王映学，郑葳等，译. 上海：华东师范大学出版社.

[8] 史忠植（2013）.《智能科学》. 北京：清华大学出版社.

[9] 斯科特·普劳斯（2004）.《决策与判断》. 施俊琦，王星，译. 北京：人民邮电出版社.

[10] 唐纳德·A. 诺曼（2015）.《设计心理学 1：日常的设计》. 小柯，译. 北京：中信出版社.

[11] 唐纳德·A. 诺曼（2015）.《设计心理学 3：情感化设计》. 何笑梅，欧秋杏，译. 北京：中信出版社.

[12] 威廉·立德威尔，克里蒂娜·霍顿，吉尔·巴特勒（2013）.《通用设计法则》. 朱占星，薛江，译. 北京：中央编译出版社.

[13] 威廉·庞德斯通（2016）.《剪刀石头布：如何成为超级预测者》. 闾佳，译. 杭州：浙江人民出版社.

[14] 朱光潜（2006）.《文艺心理学》. 合肥：安徽教育出版社.

外文图书

[15] Anderson, J. R., & Crawford, J. (1980). *Cognitive Psychology and Its Implications.* San Francisco: W. H. Freeman.

[16] Anderson, L. W. et al., eds. (2001). *A Taxonomy for Learning, Teaching, and Assessing: A Revision of Bloom's Taxonomy of Educational Objectives.* London: Longman.

[17] Avedon, E. M., & Sutton-Smith, B. (2015). *The Study of Games.* Mountain View: Ishi Press International.

[18] Bogost, I., Ferrari, S., & Schweizer, B. (2012). *Newsgames: Journalism at Play.* Cambridge: The MIT Press.

[19] Broda, E. (1995). *Ludwig Boltzmann: Man, Physicist, Philosopher.* Woodbridge: Ox Bow Press.

[20] Caillois, R. (2001). *Man, Play, and Games.* Trans. Meyer Barash. Chicago: University of Illinois Press.

[21] Crawford, C. (1984). *The Art of Computer Game Design.* New York: Osborne/McGraw-Hill.

[22] Csikszentmihalyi, M., & Csikzentmihaly, M. (1990). *Flow: The Psychology of*

Optimal Experience (Vol. 1990). New York: Harper & Row.

[23] De Botton, A., & Armstrong, J. (2013). *Art as Therapy.* London: Phaidon Press.

[24] Drucker, P. (2017). *Practice of Management.* London: Routledge.

[25] Fullerton, T. (2018). *Game Design Workshop.* Boca Raton: CRC Press.

[26] Huizinga, J. (2000). *Homo Ludens: A Study of Play-Element in Culture.* London: Routledge.

[27] Jesper Juul. (2013). *The Art of Failure: An Essay on the Pain of Playing Video Games.* Cambridge: The MIT Press.

[28] Juul, J. (2012). *A Casual Revolution: Reinventing Video Games and Their Players.* Cambridge: The MIT Press.

[29] Newell, A., & Simon, H. A. (1972). *Human Problem Solving.* Englewood Cliffs: Prentice Hall.

[30] Parlett, D. (1999). *The Oxford History of Board Games.* New York: Oxford University Press.

[31] Salen, K., & Zimmerman, E. (2010). *Rules of Play: Game Design Fundamentals.* Cambridge: The MIT Press.

[32] Schell, J. (2020). *The Art of Game Design: A Book of Lenses.* Boca Raton: CRC Press.

[33] Suits, B. H., Newfeld, F., & Rueter, W. (1978). *The Grasshopper: Games, Life and Utopia.* Toronto: University of Toronto Press.

[34] Sutton-Smith, B. (2001). *The Ambiguity of Play.* Harvard University Press.

[35] Swink, S. (2017). *Game Feel: A Game Designer's Guide to Virtual Sensation.* Boca Raton: CRC Press.

外文期刊

[36] Bartle, R. (1996). "Hearts, Clubs, Diamonds, Spades: Players Who Suit MUDs." *Journal of MUD research, 1*(1), 19.

[37] Bartle, R. (2005). "Virtual Worlds: Why People Play." *Massively Multiplayer Game Development, 2*(1), 5-8.

[38] Burghardt, G. M. (2014). "A Brief Glimpse at the Long Evolutionary History of Play." *Animal Behavior and Cognition, 1*(2), 90-98.

[39] Deci, E. L. (1971). "Effects of Externally Mediated Rewards on Intrinsic Motivation." *Journal of Personality and Social Psychology, 18*(1), 105.

[40] Diaconis, P., Holmes, S., & Montgomery, R. (2007). "Dynamical Bias in the Coin Toss." *SIAM Review, 49*(2), 211-235.

[41] Gagné, M., & Deci, E. L. (2005). "Self-Determination Theory and Work Motivation." *Journal of Organizational Behavior, 26*(4), 331-362.

[42] Gouveia, P. (2015). "Serious Gaming: How Gamers are Solving Real World Problems." *Bidarra, José; Eça, Teresa T.; Tavares, Míriam; Leote, Rosangella,* 19-20.

[43] Hunicke, R., LeBlanc, M., & Zubek, R. (2004). "MDA: A Formal Approach to Game Design and Game Research." In *Proceedings of the AI Workshop on Challenges in Game AI, 4*(1), 1722.

[44] Kleeman, J. A. (1973). "The Peek-A-Boo Game: Its Evolution and Associated Behavior, Especially Bye-Bye and Shame Expression, During the Second Year." *Journal of the American Academy of Child Psychiatry, 12*(1), 1-23.

[45] Kokonis, M. (2014). "Intermediality Between Games and Fiction: The 'Ludology vs. Narratology' Debate in Computer Game Studies: A Response to Gonzalo

Frasca." *Acta Universitatis Sapientiae, Film and Media Studies,* (09), 171-188.

[46] Lepper, M. R., Greene, D., & Nisbett, R. E. (1973). "Undermining Children's Intrinsic Interest with Extrinsic Reward: A Test of the 'Overjustification' Hypothesis." *Journal of Personality and Social Psychology, 28*(1), 129.

[47] Roberts, Alan (1988). "The Fool's Errand." *Computer Gaming World,*18.

[48] Ryan, R. M., & Deci, E. L. (2000). "Intrinsic and Extrinsic Motivations: Classic Definitions and New Directions." *Contemporary Educational Psychology, 25*(1), 54-67.

[49] Toftedahl, M., Backlund, P., & Engström, H. (2018). "Missing: Understanding the Reception of a Serious Game by Analyzing App Store Data." *International Journal of Serious Games, 5*(4), 3-22.

[50] Trafton, J. G., Schultz, A. C., Perznowski, D., Bugajska, M. D., Adams, W., Cassimatis, N. L., & Brock, D. P. (2006). "Children and Robots Learning to Play Hide and Seek." In *Proceedings of the 1st ACM SIGCHI/SIGART Conference on Human-Robot Interaction*, 242-249.

[51] Wilkinson, P. (2016). "A Brief History of Serious Games." *Entertainment Computing and Serious Games,* 17-41.

网络资料

[52] Britannica. (2020, May 4). "Hide-and-Seek." Encyclopedia Britannica.（编者注：原链接已失效。）

[53] Burdick, A. (2019, November 12). "Discover Interview: Will Wright." *Discover Magazine.*（编者注：原链接已失效。）

[54] Cable News Network. (2018, August 15). "TV Audiences Spike as Tiger Woods Fever Grips the Golfing World." CNN. https://www.cnn.com/2018/08/15/golf/

tiger-woods-golf-tv-audiences-us-pga-championship-spt-intl/index.html.

[55] Deci, L. (2014). "Self-Determination Theory (SDT). " Psychspace. https://www. psychspace.com/psych/viewnews-11449.

[56] Foddy, B. (2014). "Bennett Foddy's Speed Chess." Foddynet. http://www.foddy. net/2014/09/speed-chess/.

[57] Lange, D. (2020, November 19). "Number of Golf Players in Europe 1990—2018." Statista. https://www.statista.com/statistics/275308/number-of-registered-golf-players-in-europe/.

[58] Lazzaro, N. (2013). "The 4 Keys to Fun: Increasing Engagement with Games." SlideShare.（编者注：原链接已失效。）

[59] Sports Media Watch. (2021, July 20). "Major Golf TV Ratings History."（编者注：原链接已失效。）